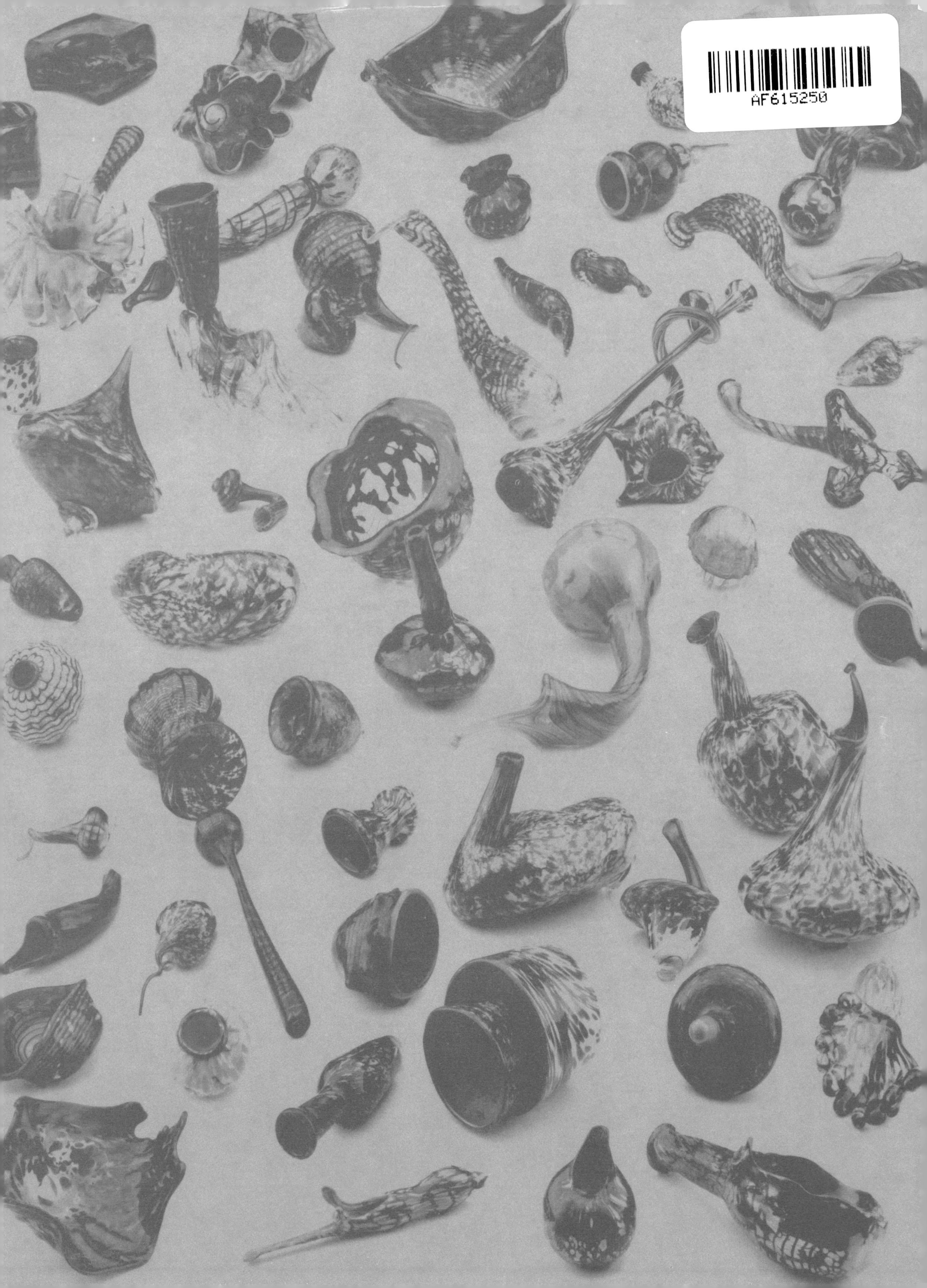

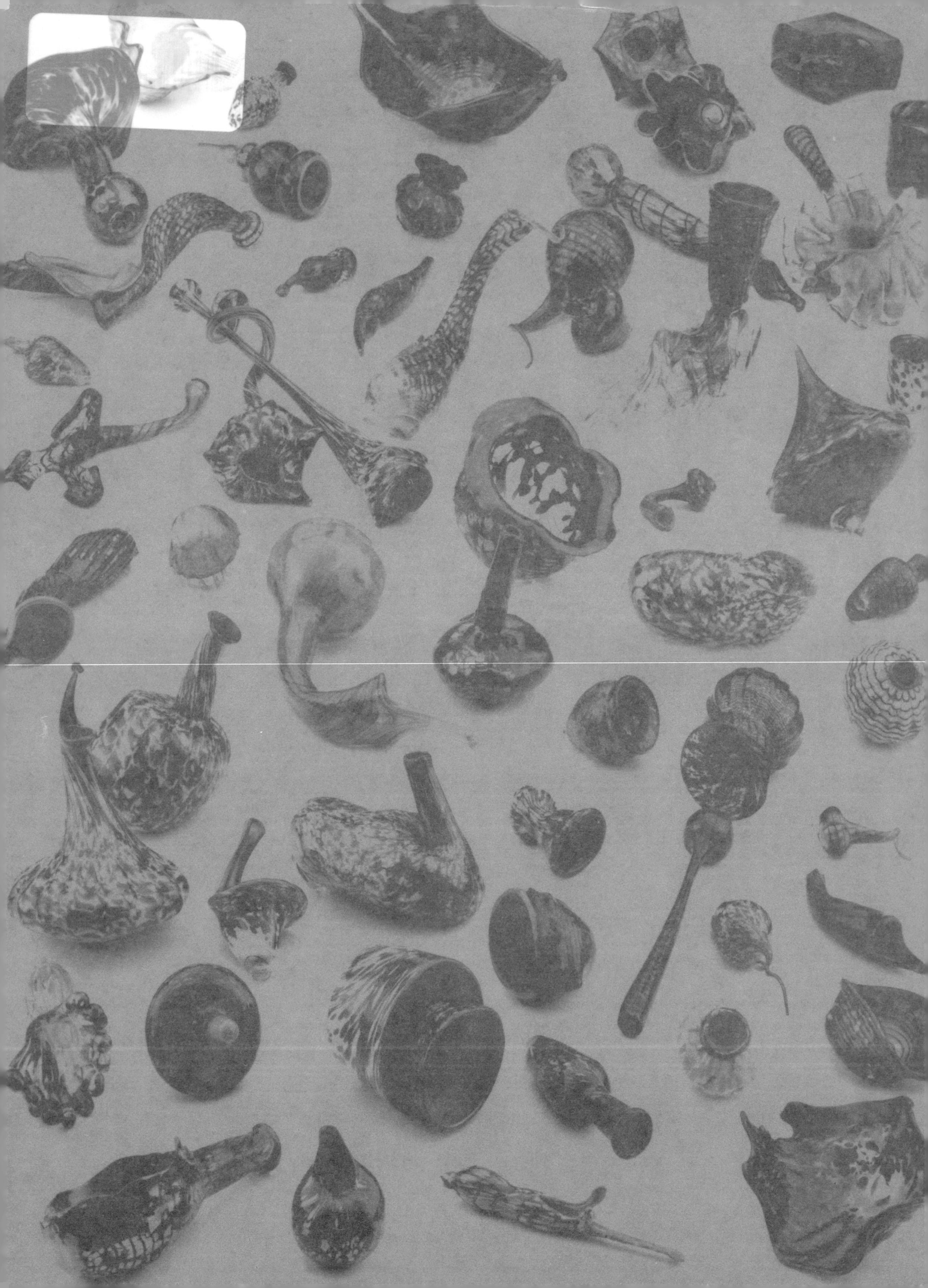

Musée des Arts Décoratifs

Palais du Louvre

5 décembre 1986

18 janvier 1987

Dale Chihuly objets de verre

Ce catalogue est publié
à l'occasion de l'exposition,
Dale Chihuly objets de verre,
organisé par le Centre du Verre
Musée des Arts Décoratifs

Robert Bordaz
Président de l'Union
des Arts Décoratifs

Yvonne Brunhammer
Conservateur en chef
du Musée des Arts Décoratifs

Guy Mourlon
Secrétaire général
de l'Union des Arts Décoratifs

Cette exposition est réalisée
par le Centre du Verre:
Yvonne Brunhammer
Jean-Luc Olivié

Laurence Madrelle
Commissaire invité

Dominique Pallut
Service des expositions

Véronique Janneau
Service de presse

Pascale de Sèze
Relations publiques

Sonia Edard
Service photographique

Acknowledgments

USA
Henry Geldzahler
Robert Hobbs

Philip Amdal
Dick Busher
Roger Schreiber
Rob Vinnedge
Kim Zumwalt

at the Buffalo Building
C-T Gagnier
Tim Gill
Craig Graham
Mary Van Cline

David at Atomic Press

Karen S. Chambers
Kate Elliott
Jack Lenor Larsen
Laurence Madrelle

and Federal Express

Remerciements

France
Yvonne Brunhammer
Jean-Luc Olivié
Dominique Pallut
Roger Seninge et les
équipes du musée

Véronique Cahn-Haguenauer
Gilles de Chabaneix
Jacques Lagane
Laurence Madrelle

Note

Les dimensions sont en
centimètres dans cet ordre:
hauteur, longueur, largeur

The dimensions are in
centimeters in this order:
height, width, depth

Conception et
réalisation du catalogue
Laurence Madrelle
avec la collaboration
de **Marie-Paule Galiana**

Traduction des textes
de Henry Geldzahler
et Robert Hobbs
par **Jean-Luc Olivié**

Designed by
Laurence Madrelle
with **Marie-Paule Galiana**

Henry Geldzahler
and Robert Hobbs
translations by
Jean-Luc Olivié

Ce catalogue est dédié à ma mère pour son 80e anniversaire et à toute l'équipe.

To The Team....

I am forever grateful to all of you that have put so much time and energy into my glass year after year. My teamwork started with Fritz Dreisbach helping me blow a couple of sculptures back at Madison in 1966. I knew right away that I'd never blow glass alone again. I'd like to thank all of you for making my life and work so much more enjoyable than if I'd decided to work alone. my best to all of you and may some of my luck pass on to you. Happy 80th birthday Mom.

Love, Dale Chihuly......Paris, November, 1986

From Left to Right: Lee Kovelski, Ben Moore, Paul DeSomma, Me, Peter Hundreiser, Robbie Miller, Joey Kirkpatrick, Flora Mace, Rich Royal, Billy Morris. And a special thanks to Karen Chambers, Kate Elliott and Martin Blank. Without all of you this exhibition would have never happened.

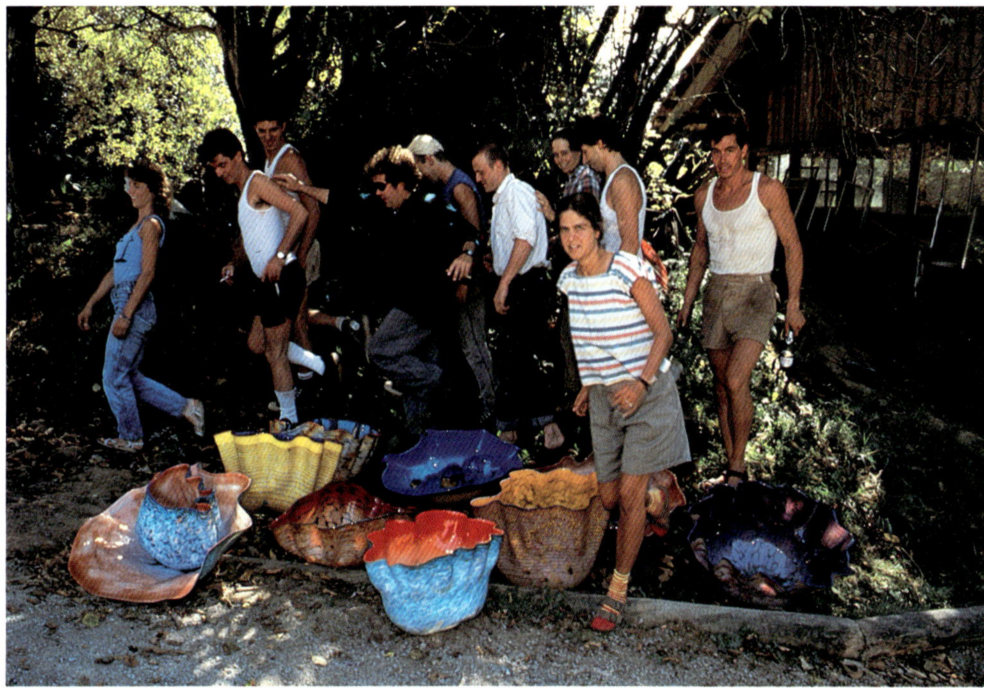

Photo Philip Amdal

Table of contents / Sommaire

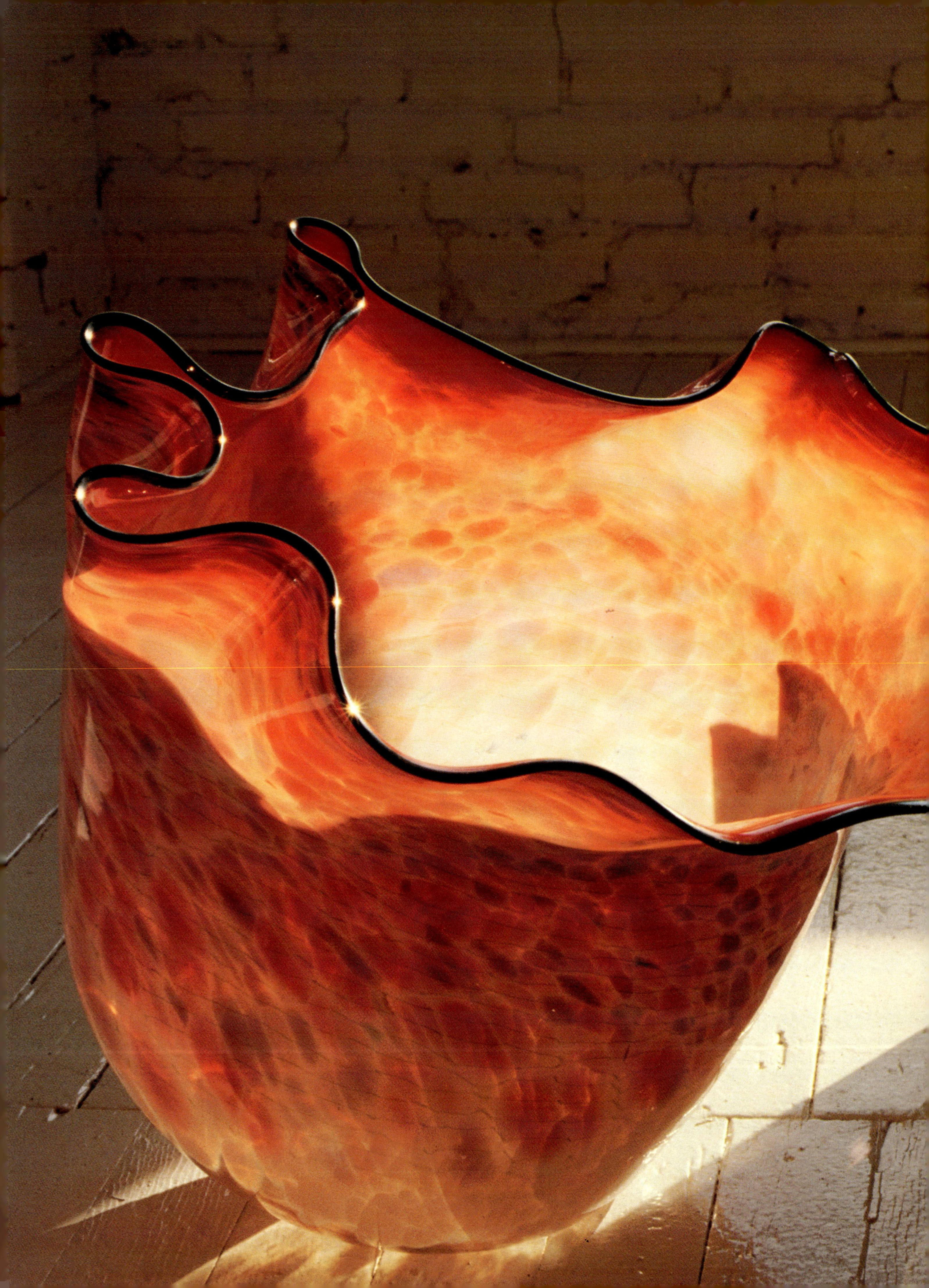

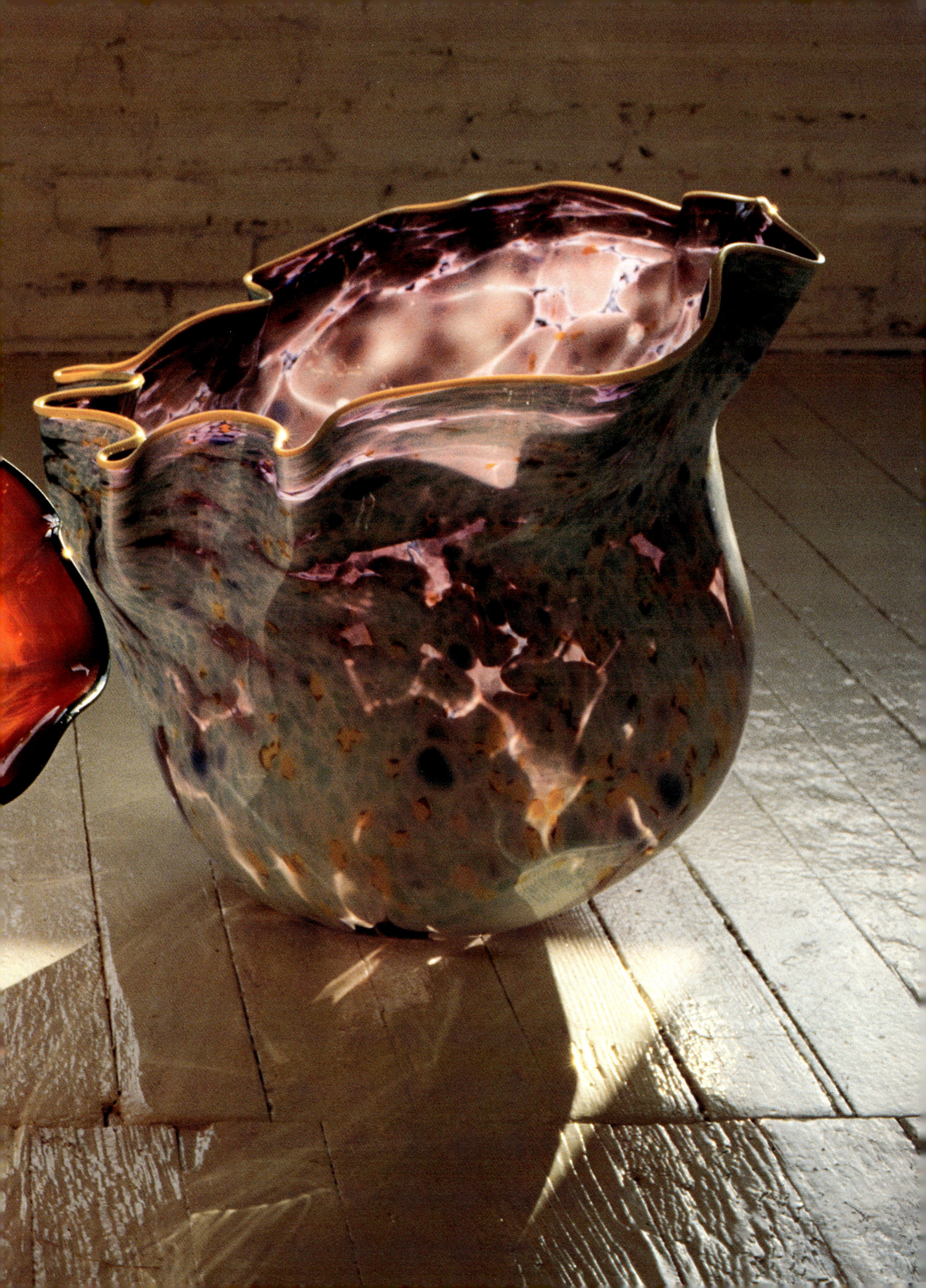

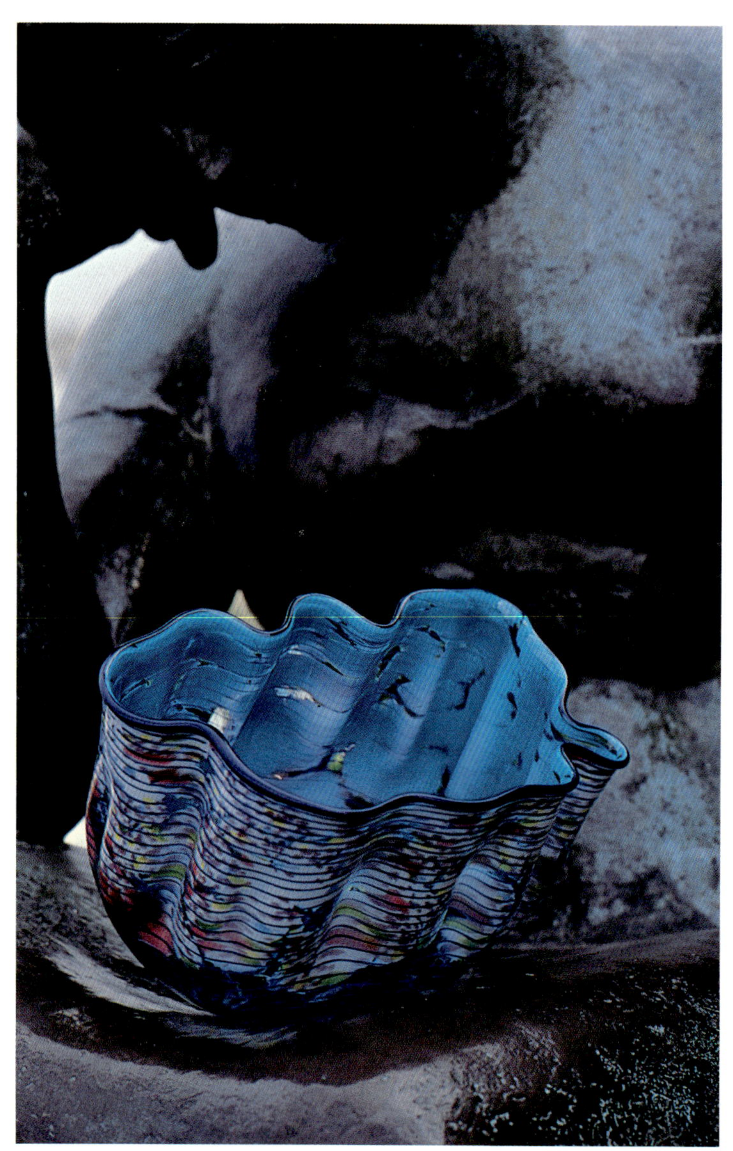

Bienvenue, Dale Chihuly, aux Arts Décoratifs

Dale Chihuly au Musée des Arts Décoratifs à Paris, c'est un retour, et surtout un désir commun enfin réalisé.

Quelques œuvres de lui figuraient parmi les 273 œuvres de verre qui représentaient la sélection internationale réalisée par le "Corning Museum of Glass" en 1979, exposée au Musée des Arts Décoratifs en 1982. *New Glass* fut un événement qui révélait, s'il en était besoin, que le verre était un matériau de l'Art Contemporain. Tout devenait alors possible dans le milieu du verre français, extraordinairement absent de la scène internationale depuis plusieurs décades.

Les pièces de Dale Chihuly étaient remarquables dans la densité créative de l'exposition *New Glass.* Elles se situaient à une époque charnière dans son œuvre, entre les *cylindres* et les *baskets.* Il y avait là un groupe de formes de verre soufflé, mince, opalescent, animées de ce dynamisme inachevé qui caractérise les bols de la cérémonie du thé au Japon.

Sa place dans l'aventure verrière américaine est celle d'un pionnier et d'un maître au sens total du mot, profondément enraciné dans son terroir et pourtant homme de ces décades du XXe siècle où les limites de l'univers sont abolies. Mais Dale Chihuly organisant des sessions sur la côte Ouest et la côte Est américaines, et dans les centres verriers d'Europe, accompagné de son équipe, n'est-il pas la version actuelle du gentilhomme verrier de la Renaissance qui parcourait l'Europe muni de sa canne, propageant d'un atelier à l'autre des tours de main, des formes, une vision du verre?

Pages 4-5
Vermilion Macchia with Winsor Red Lip Wrap
1986
46 x 56 x 59
Purple Lake Macchia with Cadmium Lemon Lip Wrap
1986
48 x 53 x 59
Photo Kim Zumwalt

Turquoise Macchia with Lapis Lip Wrap
1986
30 x 41 x 26
Photo Gilles de Chabaneix

Le verre est un métier, un art et un style de vie. Dale Chihuly est l'un de ceux qui le pratique dans sa totalité, y ajoutant des vertus d'enseignant qu'il a exercées à la Rhode Island School of Design et aujourd'hui à Pilchuck, cette université d'été qu'il a créée en 1971. L'on y vient de tous les coins d'Amérique et du monde entier chaque été depuis lors, et en nombre de plus en plus grand. Pilchuk est aujourd'hui la plaque sensible des intuitions et des désirs des jeunes verriers, confrontés avec les meilleurs artistes verriers du monde, dans un lieu quasi mythique.

Consacrer une exposition à Dale Chihuly au Musée des Arts Décoratifs aujourd'hui, c'est témoigner d'une œuvre et d'une aventure humaine. L'œuvre et l'homme sont indissociables, en constante évolution. Ils ont une couleur, un tonus, une mobilité uniques, qui appartiennent à la dimension et la sensibilité du sol américain. Ils sont aussi source et partie de ce fabuleux regain du verre dans le monde contemporain que le Centre du Verre, ouvert au Musée des Arts Décoratifs en Juin 1985, s'est donné pour but de faire connaître.

Yvonne Brunhammer, Paris, Octobre 1986

Conservateur en chef du Musée des Arts Décoratifs, Directeur du Centre du Verre.

Welcome, Dale Chihuly, to the Musée des Arts Décoratifs

The works of Dale Chihuly at the Musée des Arts Décoratifs are not a new discovery but the fulfillment of shared hopes. In 1982 several of his works were shown at the Musée des Arts Décoratifs. They were among 273 glass objects selected from around the world by the Corning Museum of Glass in 1979 for *New Glass.* This was an event, which revealed, as if that were necessary, that glass is a truly Contemporary Art material. This opened up infinite possibilities for French glass work, conspicuously absent from the international scene for several decades. Dale Chihuly's works stood out, even by the high creative standards of the *New Glass* show. They reflected the point in his artistic development when he turned from the *Cylinders* to the *Baskets.* The exhibition featured a group of slim, opalescent blown glass shapes, reflecting the frozen moment inherent in the Japanese tea bowl.

His place in the story of American glass is that of pioneer and absolute master. He is a true son of the late 20th century, an era when the boundaries of the universe are being pushed back, yet his feet are firmly rooted in his native soil. Dale Chihuly, along with his team, organizes glassblowing sessions on the East and West Coasts of the USA, and in European glass centers. Is he not a latter day incarnation of the Renaissance gentleman craftsman who, cane in hand, traveled the Old World carrying his vision of glass, styles and techniques from one workshop to another?

White Sea Form Set
1985
59 x 53 x 84
Photo Dick Busher

Glass is a craft, an art and a life style. Dale Chihuly is a man who practices the medium in its totality. He is also a teacher; he has taught at the Rhode Island School of Design and is now at Pilchuck, a glass school he established in 1971 with Anne Gould Hauberg and John Hauberg. People from all over the United States and the world come to Pilchuck every summer in ever increasing numbers. It has become a platform for the feelings and aspirations of young glass workers and its reputation has made it a legendary center where they can meet the best international glass artists.

The exhibition of Dale Chihuly's work at the Musée des Arts Décoratifs is a tribute to one man's œuvre and career. Man and work are inseparable, constantly developing. Both have unique color, energy and movement. They are part of the vastness of the American environment and of its sensibility. Man and work are both source and expression of a forceful resurgence of glass in the modern world. The Glass Center, opened at the Musée des Arts Décoratifs in June 1985, is here to make known this Renaissance.

Yvonne Brunhammer, Paris, October 1986.

Chief curator of the Musée des Arts Décoratifs, Paris. Director of the Centre du Verre.

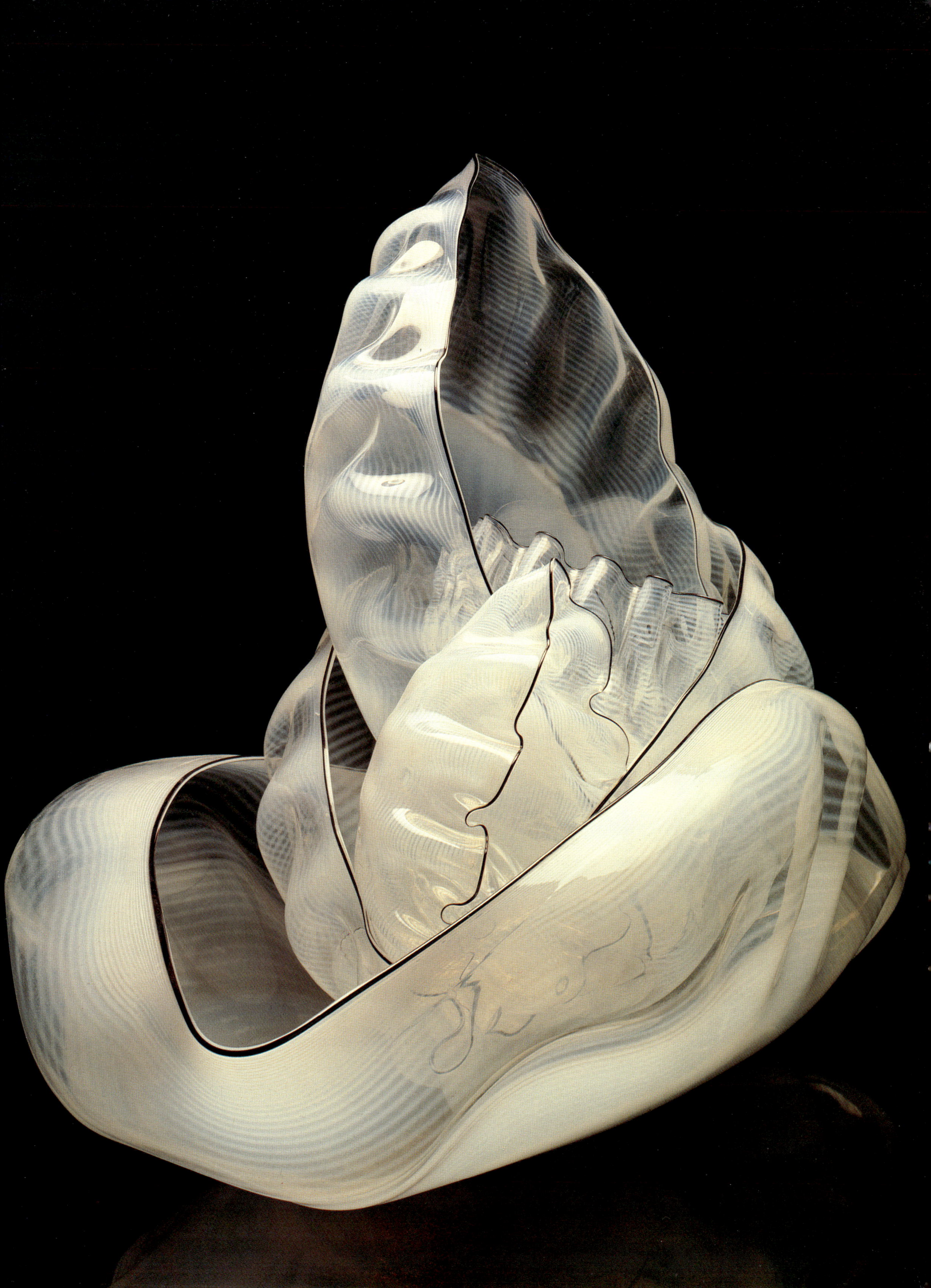

Chihuly at the Louvre: Objets de Verre

From time to time, it is well to reconsider truths that we take too much for granted. For instance, there has been a debate in the past few decades as to the identity of The World's Art Capital -- is it Paris, is it New York? It seems clear to us today that there is no longer a need or even a justification for this rivalry. It is no longer a question of "Either Paris or New York," but of Paris *and* New York *and* Rome *and* Milan *and* London *and* Berlin *and* a few more. Sophistication is the rule today and chauvinism an exhausted cliché that dates back to the nationalisms and bellicosity of the past, *une vieille histoire.*

Thus, to see Dale Chihuly's recent work in glass, *Objets de Verre,* at the Musée des Arts Décoratifs seems a fitting but not an extraordinary event. That an American artist can be recognized at his full value while he is still in mid-career seems only natural in the exchange of tradition and energy that is increasingly the rule in the international domain of contemporary art.

It is curious to note that another American artist, the mystical abstractionist Mark Tobey, was given an equivalent honor in 1961 -- an exhibition at the Musée.[1] Tobey was a rare American painter in his time since his reputation was largely made and secured in Europe, specifically in France and Switzerland, rather than in New York. Both men are from the Puget Sound area in the State of Washington, the northwestern-most state in America, from the cities of Seattle and Tacoma. Washington's landscape and climate have remarkable similarities to those of China and Japan, its geological cousins (they are all on the Pacific Rim), and Washington's museums and collections have reflected this orientation. Tobey's paintings of the 1950s and Chihuly's glass objects of today share an oriental complexion, a great sensitivity to the underlying rhythms of nature, a sense that the universe can be best reflected in work of modest scale.

Green Cobalt Sea Form Set with Red Lip Wraps
1985
55 x 122 x 77
Photo Dick Busher

1 A third Washingtonian, Jack Lenor Larsen, has also had an exhibition at the Musée des Arts Décoratifs.

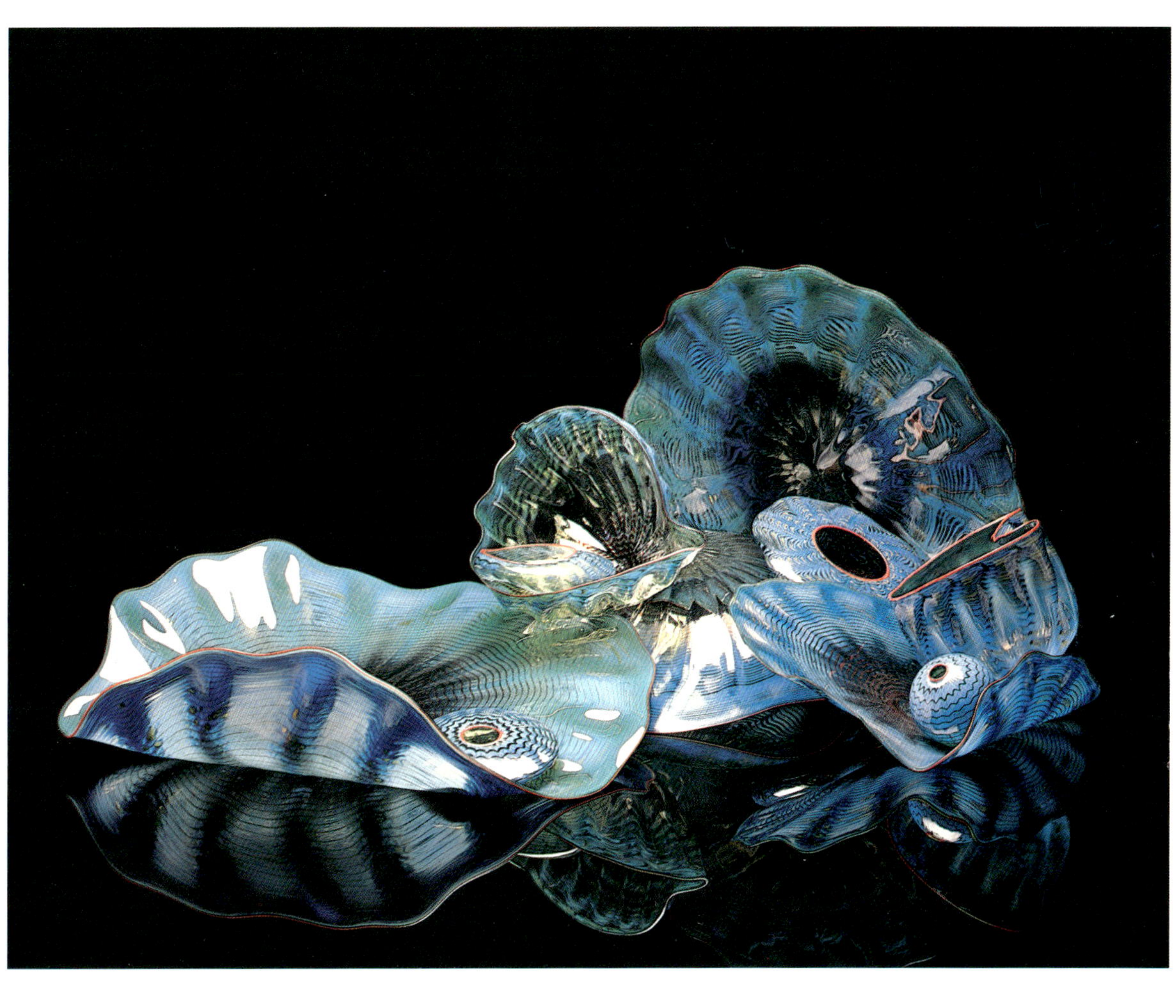

Which brings us to our second point: Chihuly prefers to call his work *Objets de Verre,* because, in the context of the American commercial gallery system, "sculpture in glass" might seem pretentious. There is in America a confusion as to the relative hierarchy implicit in the designations: Artist and Craftsman. On the one hand, the Craftsman has behind him all the centuries of honest and anonymous work on everything from the pyramids to the medieval cathedral.

The designation was re-launched in the second half of the 19th century by John Ruskin and William Morris as a counterpoise to the Machine, a monster in their eyes that was going to clear the world of handcraft. Artist, on the other hand, has been, since the Renaissance and the enshrinement of the individual in Western society, the fiercely proud self-designation of preference for painters and sculptors. Artist and Craftsman are categories for the ego, *not* ways in which to make useful or even meaningful esthetic distinctions.

All this is worth clarifying because, in the arts in America today, Dale Chihuly occupies a rare position: His work is sometimes shown with crafts and sometimes with the work of painters and sculptors in art galleries. He is one of half a dozen members of his generation, workers in wood or clay or glass, whose work makes nonsense of these distinctions.

Of course, this attempt to place Dale Chihuly and his *Objets de Verre* in the context of American and international art is only of interest because of the stunning visual impact that the work evokes. I have found it to be instantly memorable and of greater refinement with each visit. Chihuly's work is strong and beautiful and, best of all, it is constantly evolving.

Davy's Gray Soft Cylinder with Helios Yellow Drawing
1986
41 x 33 x 31
Photo Dick Busher

Henry Geldzahler, Southampton, New York, October 1986.

Former curator of Twentieth Century Art at the Metropolitan Museum of Art, New York.

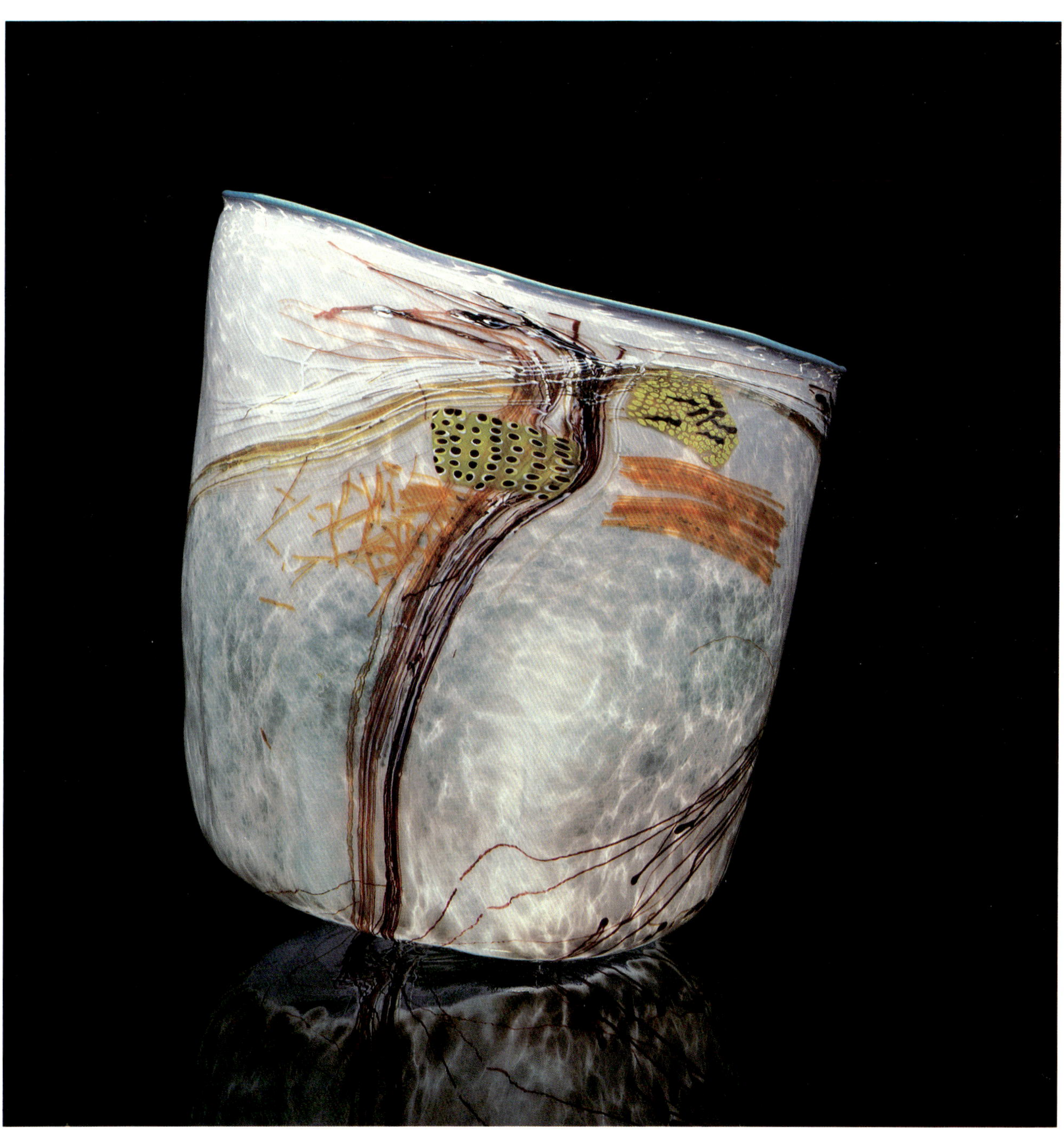

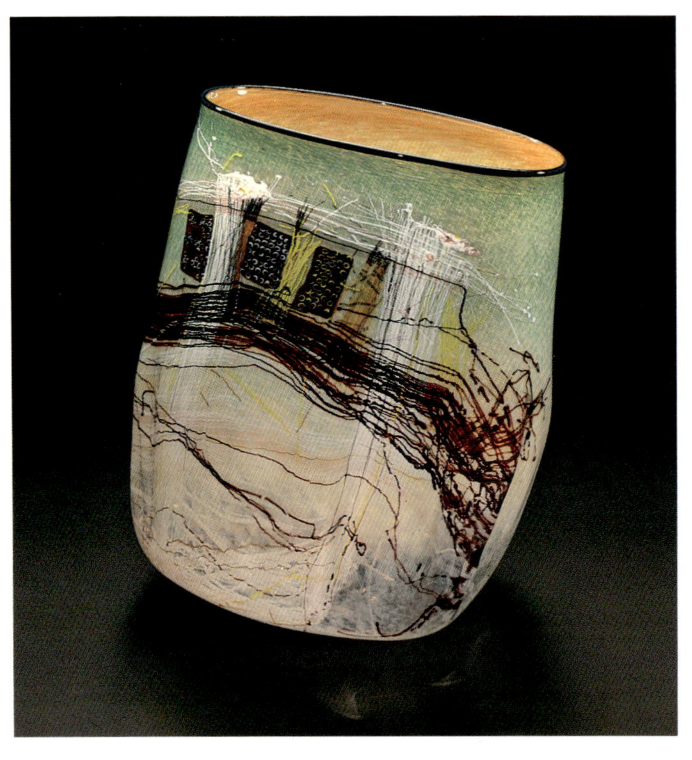
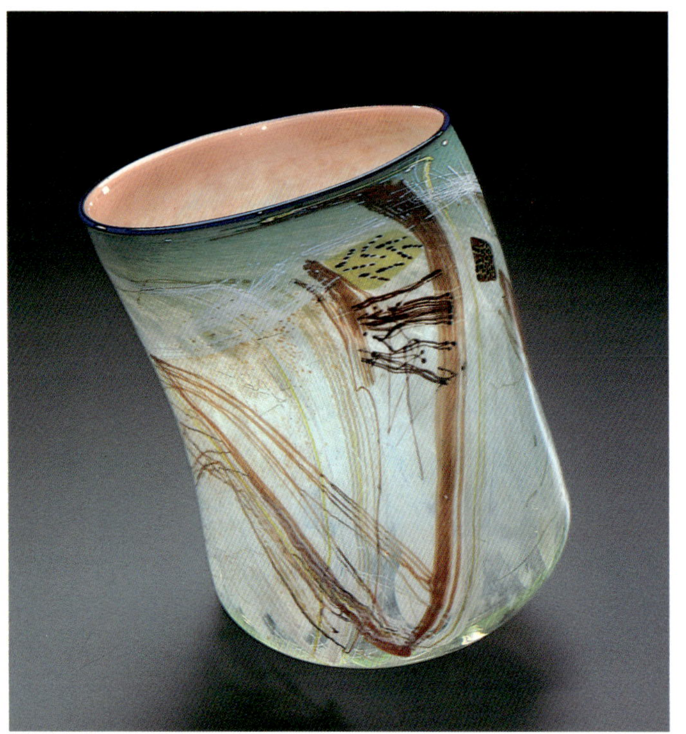
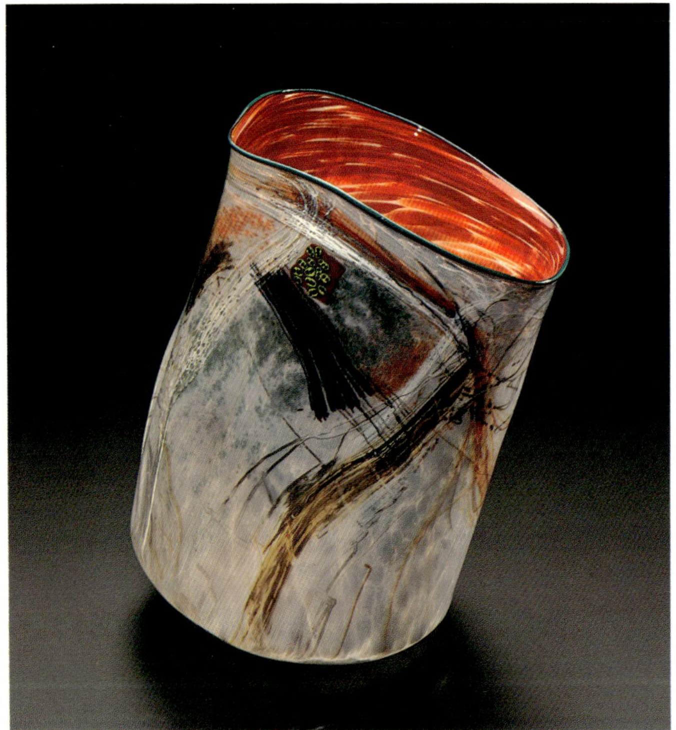
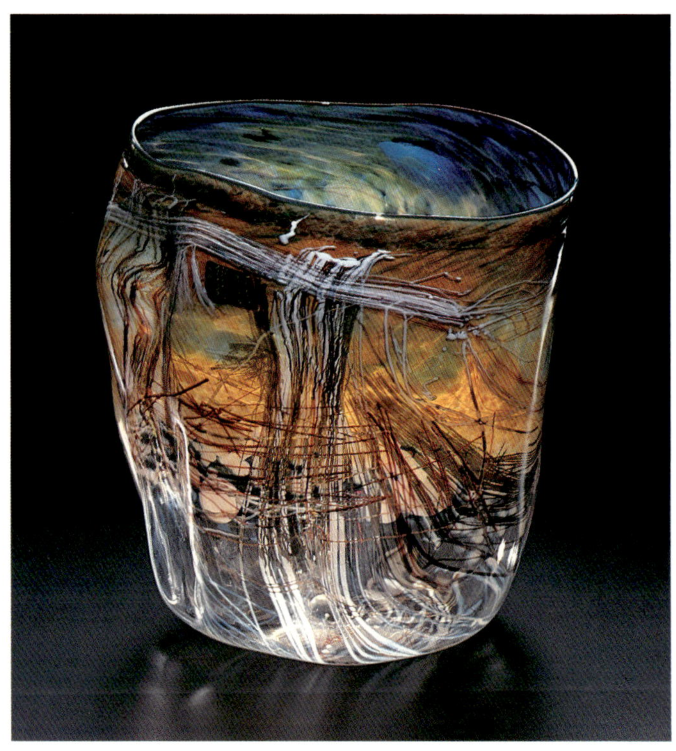

Chihuly au Louvre : Objets de Verre

Les "évidences" méritent d'être repensées de temps en temps. Par exemple les dernières décennies furent souvent animées par des débats sur l'identification de la capitale mondiale de l'Art -- Paris ou New York? Pourtant aujourd'hui, pour nous, cette polémique ne semble plus ni nécessaire, ni justifiée. Il n'est plus question de Paris ou New York mais de Paris *et* New York *et* Rome *et* Milan *et* Londres *et* Berlin et quelques autres. La complexité est aujourd'hui la règle, le chauvinisme n'est plus qu'un cliché vieilli renvoyant à un passé nationaliste et belliqueux, *"une vieille histoire"*.

De fait, voir les récentes œuvres en verre de Dale Chihuly, *Objets de Verre*, au Musée des Arts Décoratifs semble un événement justifié et non un événement extraordinaire. Qu'un artiste américain en milieu de carrière puisse être tout à fait reconnu apparaît naturel tant les échanges de tradition et d'énergie deviennent la règle sur la scène internationale de l'Art contemporain. Il est curieux de noter qu'un autre artiste américain, le mystique abstrait Marc Tobey, reçut un honneur équivalent en 1961 – une exposition dans ce Musée[1]. Tobey est un des rares peintres américains dont la réputation a été faite et confortée en Europe, particulièrement en France et en Suisse, plus qu'à New York. Les deux hommes sont originaires de la région du "Puget Sound", des villes de Tacoma et Seattle dans l'Etat de Washington, le plus au Nord-Ouest des Etats-Unis. Le paysage et le climat de l'Etat de Washington ont de nombreuses similitudes avec ceux de la Chine et du Japon, d'ailleurs géologiquement cousins (ils sont tous sur la faille pacifique). Les musées et les collections de cette région rendent d'ailleurs compte de cette orientation. Les peintures de Tobey des années cinquante et les objets de verre actuels de Chihuly ont en commun un caractère oriental, une grande sensibilité aux mythes fondamentaux de la nature

Delta Yellow Soft Cylinder with Red Ochre Drawing
1986
36 x 31 x 25
Photo Rob Vinnedge

Crimson Lake Soft Cylinder with Mahogany Drawing
1986
43 x 28 x 25
Photo Rob Vinnedge

Hortensia Blue Soft Cylinder with Mars Violet Drawing
1986
41 x 33 x 31
Photo Rob Vinnedge

Rose Doré Soft Cylinder with Chartreuse Drawing
1986
41 x 28 x 25
Photo Rob Vinnedge

1 Un troisième américain, originaire de l'Etat de Washington, Jack Lenor Larsen, a eu une exposition au Musée des Arts Décoratifs.

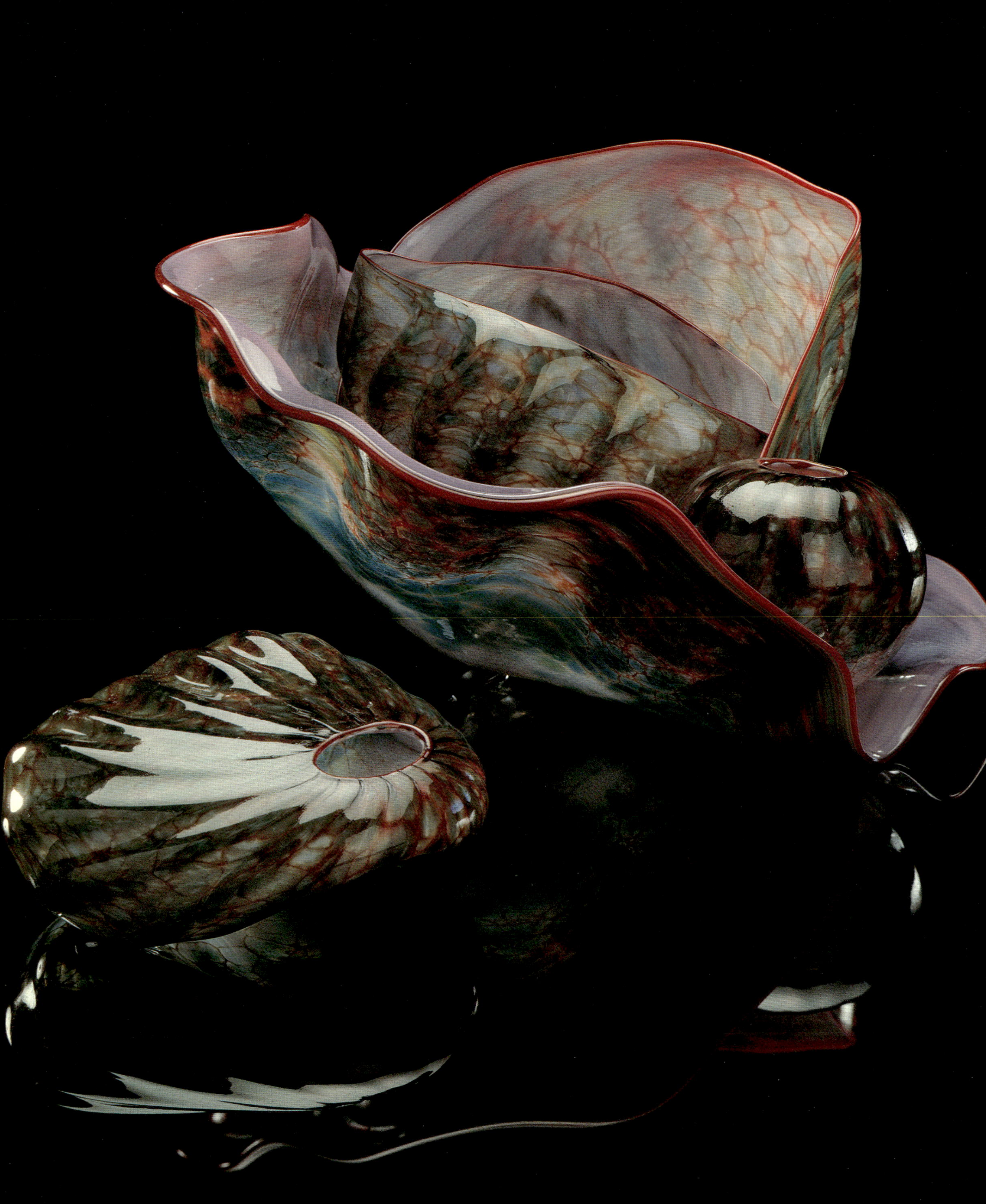

et l'idée que l'univers est peut-être mieux rendu dans des œuvres de dimensions modestes.

Ceci nous amène à notre second point : Chihuly préfère appeler ses œuvres *Objets de Verre*, car, dans le circuit commercial américain, "sculptures en verre" peut paraître prétentieux. Il y a, aux Etats-Unis, une confusion dans la hiérarchie relative qu'impliquent les désignations Artiste et Artisan. D'une part, le mot Artisan a derrière lui des siècles d'œuvres anonymes et honnêtes de tous types, depuis les pyramides, jusqu'aux cathédrales. Ce vocable fut réinvesti, dans la seconde moitié du XIXe siècle par John Ruskin et William Morris comme contrepoids à la machine, à leurs yeux un monstre, prêt à liquider les productions artisanales. D'autre part, Artiste est, depuis la Renaissance et l'apogée de l'individu dans la société occidentale, la fière et favorite auto-dénomination des peintres et des sculpteurs.

Lavender Macchia Set with Deep Red Lip Wraps
1986
12 x 38 x 25
Photo Dick Busher

Artiste et Artisan sont des catégories pour l'ego, pas des façons de constituer des distinctions esthétiques utiles ni même sensées.

Ceci est important à clarifier car sur la scène américaine de l'Art contemporain, Dale Chihuly occupe une position inhabituelle.

Ses œuvres sont parfois montrées dans des contextes d'artisanat, parfois avec des travaux de peintres et de sculpteurs dans des galeries d'Art. Avec lui, une demi-douzaine de créateurs de sa génération, spécialistes du bois, de la céramique ou du verre, font de ces distinctions un non-sens. Bien sûr, cet essai pour replacer Dale Chihuly et ses *Objets de Verre* dans le contexte artistique américain et international est intéressant uniquement à cause de la fantastique présence de ses œuvres. Je les ai trouvées mémorables dès la première rencontre et d'un raffinement de plus en plus grand à chaque visite. Le travail de Chihuly est puissant et beau et, par-dessus tout, il est en constante évolution.

Ancien conservateur du département du XXe siècle, au Metropolitan Museum of Art, New York.

Henry Geldzahler, Southampton, New York, Octobre 1986.

Chihuly's *Macchia*

The American glass worker Dale Chihuly has been involved with exploring the glassblowing process since the mid-1960s. In 1977 he was fascinated by some stacked, misshapen Northwest Coast Indian baskets he had seen in the Tacoma Historical Society in his native state of Washington. His *Pilchuck Baskets* became testaments to these relics, forms that served no other function than to contain their own metaphysical associations. In the subsequent *Sea Forms* the relic was taken back to its living counterpart, as Chihuly found natural analogues for the Native American containers in the shapes found in the sea.
The most recent *Macchia*, a synthesis of the earlier series, however, communicate a purposeful ambiguity: They appear vital but not organic, containers whose primary role is to communicate their own significance as works of art. The *Macchia* play on the dichotomy that glass can both dematerialize and manifest form. These glass sculptures provide the artist with a way of structuring form through color: a goal that intrigued and defeated 20th-century artists looking for a new equivalent to Cubism. Robert Delaunay, for example, formulated Orphism, but instead of liberating color, he froze it, turning it into a series of static rotary forms. But Chihuly, suspending color in clear glass, solves this formalist problem: Color does not augment form but becomes form.
Chihuly's work illustrates the issue of monumentality, an issue that informs many recent efforts in glass art. Ancient vials, vases and figures from Syria, Egypt and Rome, though small, were considered substantial and important. However, by the Renaissance glass had begun to look less like a medium for important ideas and more like a utilitarian container notable for its transparency, fragility and impermanence. This ephemeral quality was highly prized; for example, Venetian goblets seem to have been created with the aim of surviving only a single evening. Glass from the Renaissance through the end of the 19th century is a contradiction: a trifle that can be lasting, a fragile moment that can be permanent.
When glass objects reach the scale of Chihuly's *Macchia* series, a new identity is achieved. Glass no longer has to pretend to be unassuming, undemanding and fragile, even though it continues to play on ephemerality. In the *Macchia*, the strength of the glass is suggested with references to geological formations. The colors in the *Macchia* are related to the colors of stones: Seen under bright light they look like nature caught on fire, nature in molten flux, nature in the process of being created. In this series Chihuly attempts to catch the formulative moment, the time when creation is happening, when it is still fluid. Ruffled edges, whiplash outlines, striations and intense, mottled colors in these large pieces all call to mind living, breathing, pulsating forms of monumental proportions.

Untitled
1986
23 x 36 x 38
Photo Dick Busher

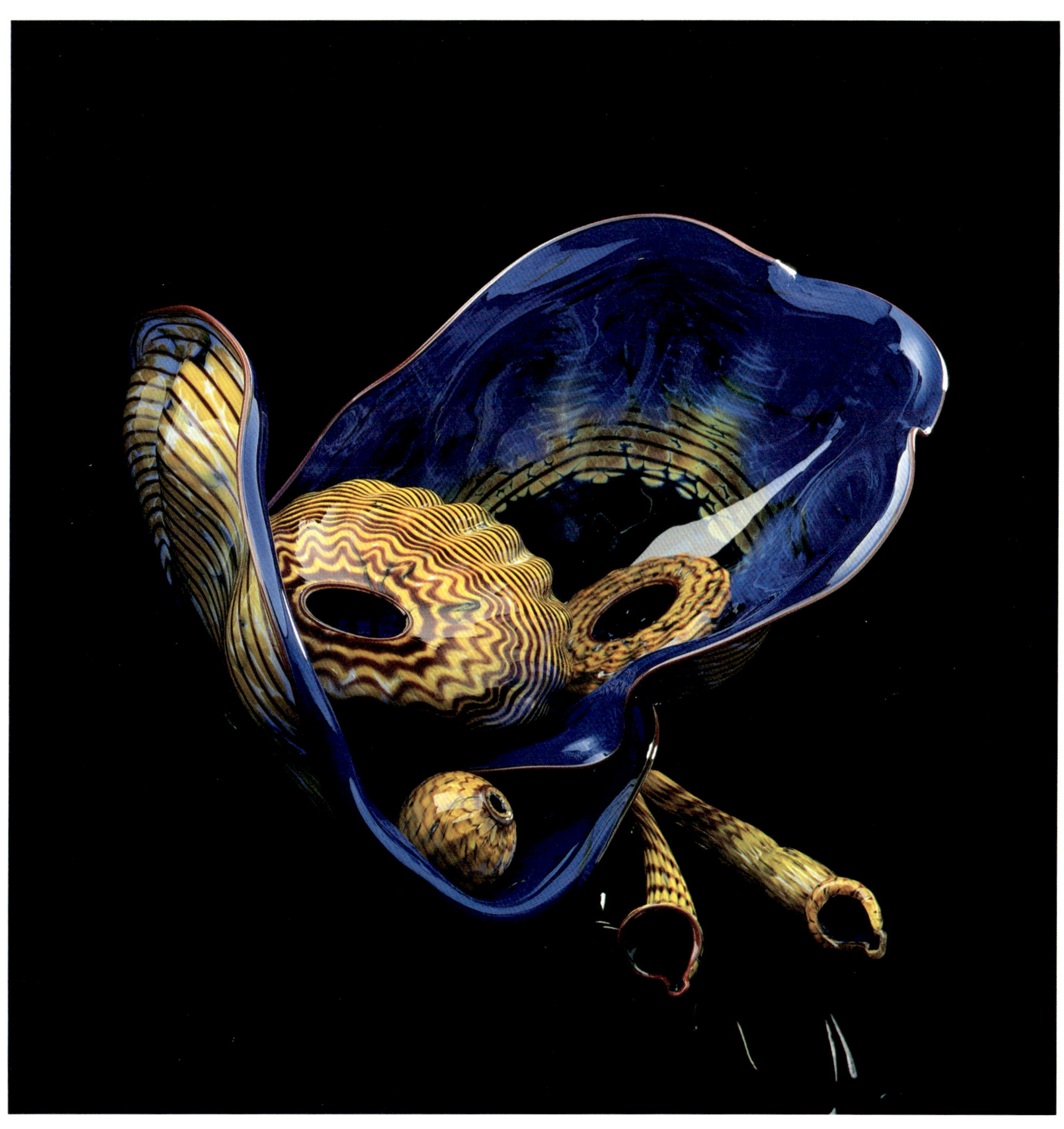

By emphasizing volume and scale, Chihuly transforms vases into sculpture. This transmutation leads to a consideration of the bibelot. In our society the white elephant has become a treasured art object. Chihuly plays on this fact, creating new white elephants that appear to have taken flight, that no longer obey the rules of our day-to-day world. In the process they become objects for the imagination -- true flights of fantasy.

Physically Chihuly also releases vases from their former static incarnation and makes them appear as if they are floating. He elicits an ethereal, almost spiritual manifestation that strangely and, perhaps with tongue-in-cheek humor, recalls late Renaissance and Baroque paintings of floating saints and cherubs. He creates an important metaphor of change and transcendence that is exhilarating and liberating.

In the *Macchia* the forms respond to the tension of inner space. This inner space activates them, giving shape to the entire series. Like a dust devil on the desert, an unpredictable whirlwind capable of great force, the *Macchia* appear to have reached only a momentary, tentative balance, ready to move on to assume another shape, another metamorphosis. They remind us that glass is a supercooled liquid, a transient state of matter.

The element of fancy surfaces in photographs of Chihuly's work, interpretations essential to his creative process. For the photographs Chihuly arranges his pieces on black glass so that they seem to float, thus emphasizing their precarious balance, their reponse to unseen forces. In the photographs the glass pieces appear to be even more disembodied than they are: They become suspended and dematerialized colored light, recalling the traditional significance of stained glass that transforms ordinary light into etherealized space.

Salmon Macchia Set with Cobalt Lip Wraps
1985
44 x 63 x 71
Photo Dick Busher

The photographs become an enlightened form of highly theatrical play acting. They do not falsify the glass. They simply exaggerate and play with it.

Chihuly has developed a distinctive style of drawing in order to think about the character of his own glass. To my knowledge no one has created drawings using an handful of differently graded pencils so that a multitude of lines is created at one time, giving the drawing force and delicacy. If one considers Cy Twombly's paintings of the early 1960s, which employ dabs of paint and offhand scribbles, one readily understands that Twombly is involved in picturing the look and function of the various mediums employed, being careful to give each its proper weight and felt tone. In contrast, Chihuly draws in order to describe the forces giving his glass form. In finishing these drawings Chihuly regularly accents his force fields with a few sweeping lines that become openings for the vessels he is creating.

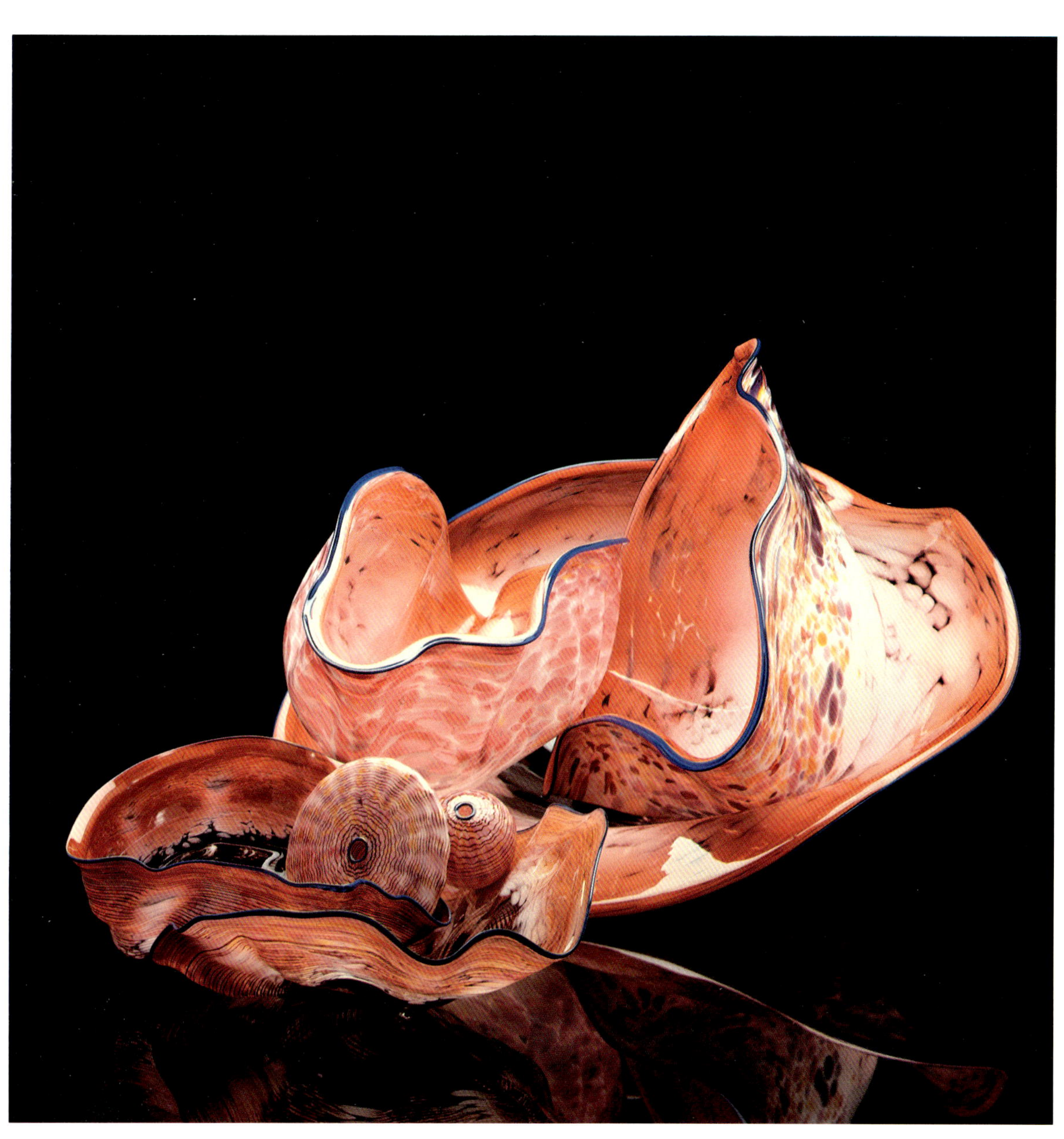

In the glass he emphasizes these orifices that suggest female forms with special outlines that contrast with the colors of the rest of the piece.
In the *Baskets, Sea Forms* and *Macchia,* Chihuly amasses a virtual collection of elastic orifices. The mystery of these lavish displays appears to derive from the fecundity of nature, and these openings are usually connected to expansive vessels, which serve as lodgings for smaller bowls and nodules. The various glass vessels nestling within each other create a satisfying sense of intimacy and enclosure -- they are protective but not defensive; the translucency of glass invites one to look in without feeling that one is invading a private territory. The large vessels that contain smaller vessels appear to be pregnant, nurturing forms that leave the human analogy open and abstract. Chihuly's forms can also be taken as relics piled one inside another (*Baskets*) or living elements interacting in an ambient fluid (*Sea Forms*) or as a grand vessel turning into life (*Macchia*).
Chihuly manages to suggest living relationships of forms rather than mere collections of objects. The internal force of each form and its own individual reaction to gravity appears to be only momentarily suspended by his precarious sculptural arrangement. The conflicting dynamics of the individual pieces making up an ensemble suggests a tentativeness for the whole. And the transitory quality of the ensemble, in turn, reinforces the spontaneity that attended the creation of each individual piece. The accumulated wealth seems to be more a happy coincidence than an overbearing fact. And I think this precarious massing of forms is a characteristic that enlivens the grouping and makes it less a ponderous celebration of materialism and more a testament to the ceaseless change that characterizes modern life.

Untitled Drawing
1986
Graphite, colored pencil, watercolor
Photo Providence Colorlab

Robert Hobbs, Iowa City, Iowa, January 1986.

Director of the University of Iowa Museum of Art.

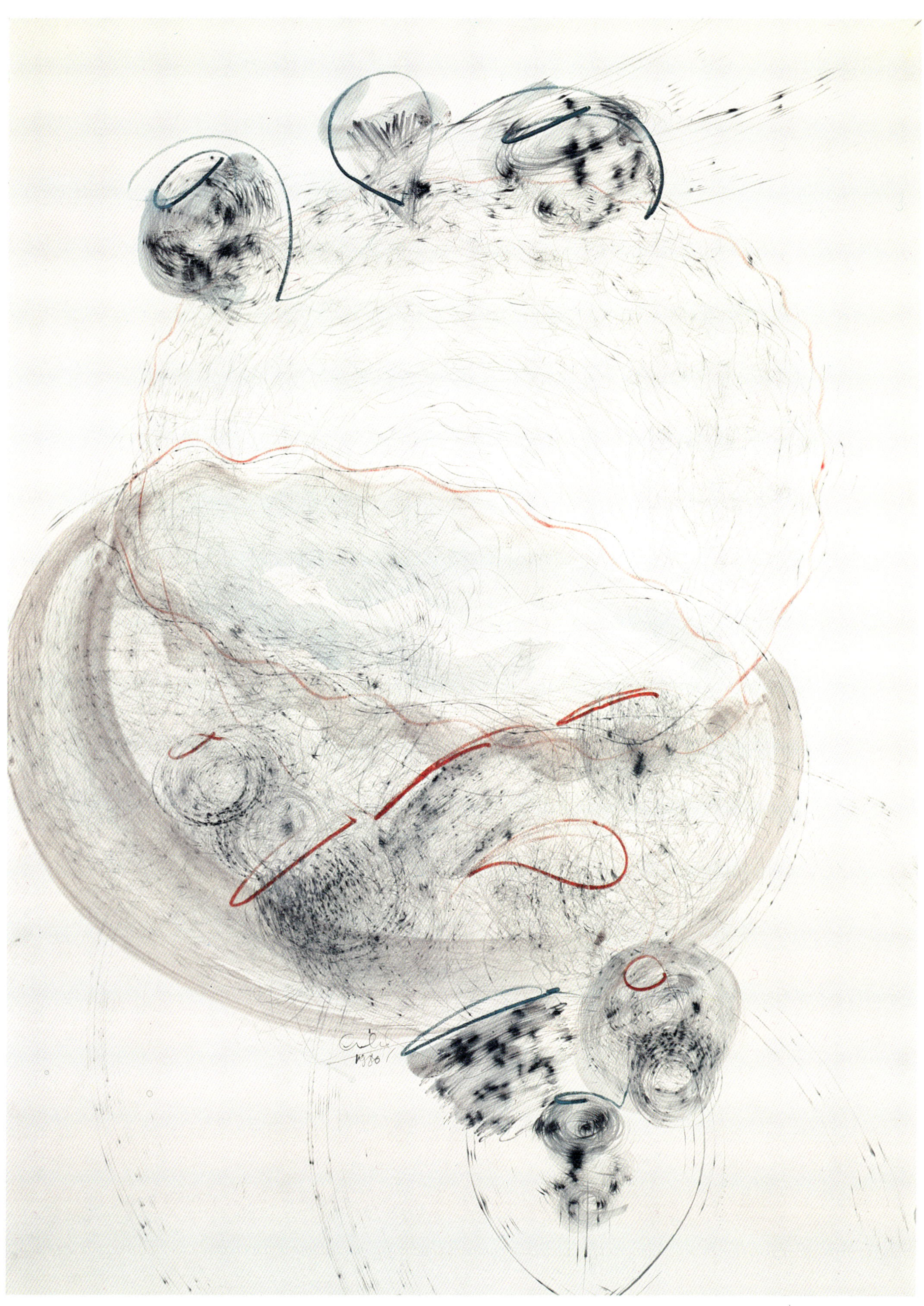

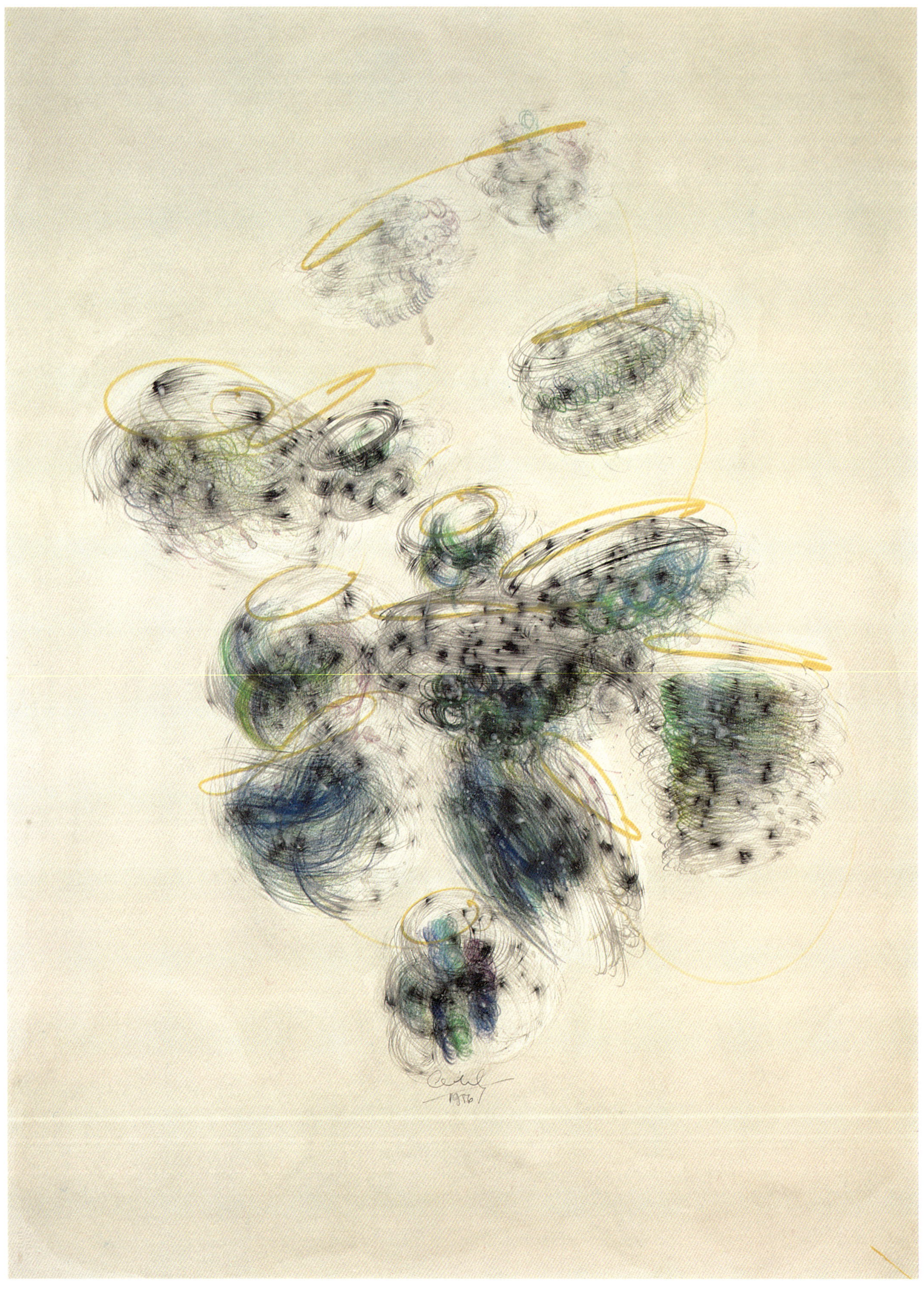

Les *Macchia*

Depuis le milieu des années 60, l'américain Dale Chihuly explore les possibilités de la technique de soufflage du verre. En 1977, il est fasciné par des paniers [1], empilés et difformes, qu'il découvre à la Société Historique de Tacoma dans son état natal, Washington. Ce sont des productions des Indiens de la côte Ouest et sa série des *Pilchuk Baskets* est comme un souvenir de ces "vestiges". Récipients devenus sans usage, ses formes ont pour seule fonction de provoquer des associations d'idées. Chihuly trouvant ensuite des analogies entre ces paniers indiens et des formes marines, ses *Sea Forms* devinrent comme les équivalents vivants des *Baskets*. Plus récemment, les *Macchia* [2], synthèse des deux précédentes séries, communiquent une ambiguïté volontaire: pleines d'énergie vitale, elles ne semblent pourtant pas organiques.
Ce sont des récipients, des contenants, dont le principal rôle est de communiquer leur signification comme œuvre d'Art. Ces *Macchia* jouent d'une dualité du verre qui peut manifester ou dématérialiser la forme. Avec ces sculptures de verre, l'artiste trouve un moyen de manifester la forme par la couleur; un objectif qui a intrigué et frustré des artistes du XXe siècle cherchant un nouvel équivalent au cubisme. Robert Delaunay, par exemple, avec "l'Orphisme", ne libéra pas la couleur mais la gela, la fixa dans une série de formes rotatives mais statiques. Chihuly, avec la couleur en suspension dans le verre clair résoud ce problème formel: la couleur ne complète pas la forme, elle devient la forme.

Untitled Drawing
1986
Graphite, colored pencil, watercolor
Photo Providence Colorlab

Le travail de Chihuly évoque la question de la monumentalité, un problème qui traverse de nombreuses démarches du verre contemporain. Les fioles, les vases et les figures antiques de Syrie, d'Egypte et de Rome, bien que de petites dimensions étaient très valorisés. Cependant, à partir de la Renaissance, le verre perd son statut de véhicule pour des idées importantes en devenant ce récipient utilitaire remarquable car transparent, fragile et transitoire. Son caractère éphémère était hautement apprécié et certains gobelets vénitiens semblent n'avoir été créés que pour un soir. Le verre, de la Renaissance jusqu'à la fin du XIXe siècle, est une contradiction: un rien qui peut durer, un moment fragile qui peut devenir permanent.
Quand des objets de verre prennent les dimensions des *Macchia* de Chihuly, une nouvelle identité est atteinte. Le verre ne peut plus prétendre être modeste, facile, fragile, même s'il continue à jouer avec l'éphémère. Avec les *Macchia* la force du verre est liée à l'univers minéral et géologique. Leurs couleurs sont associées à celles des pierres; vues sous une forte lumière, elles évoquent la terre en fusion, les métamorphoses de la nature, la nature elle-même en gestation.
Dans cette série Chihuly tente de fixer le processus de mise en forme,

1 baskets

2 taches en italien

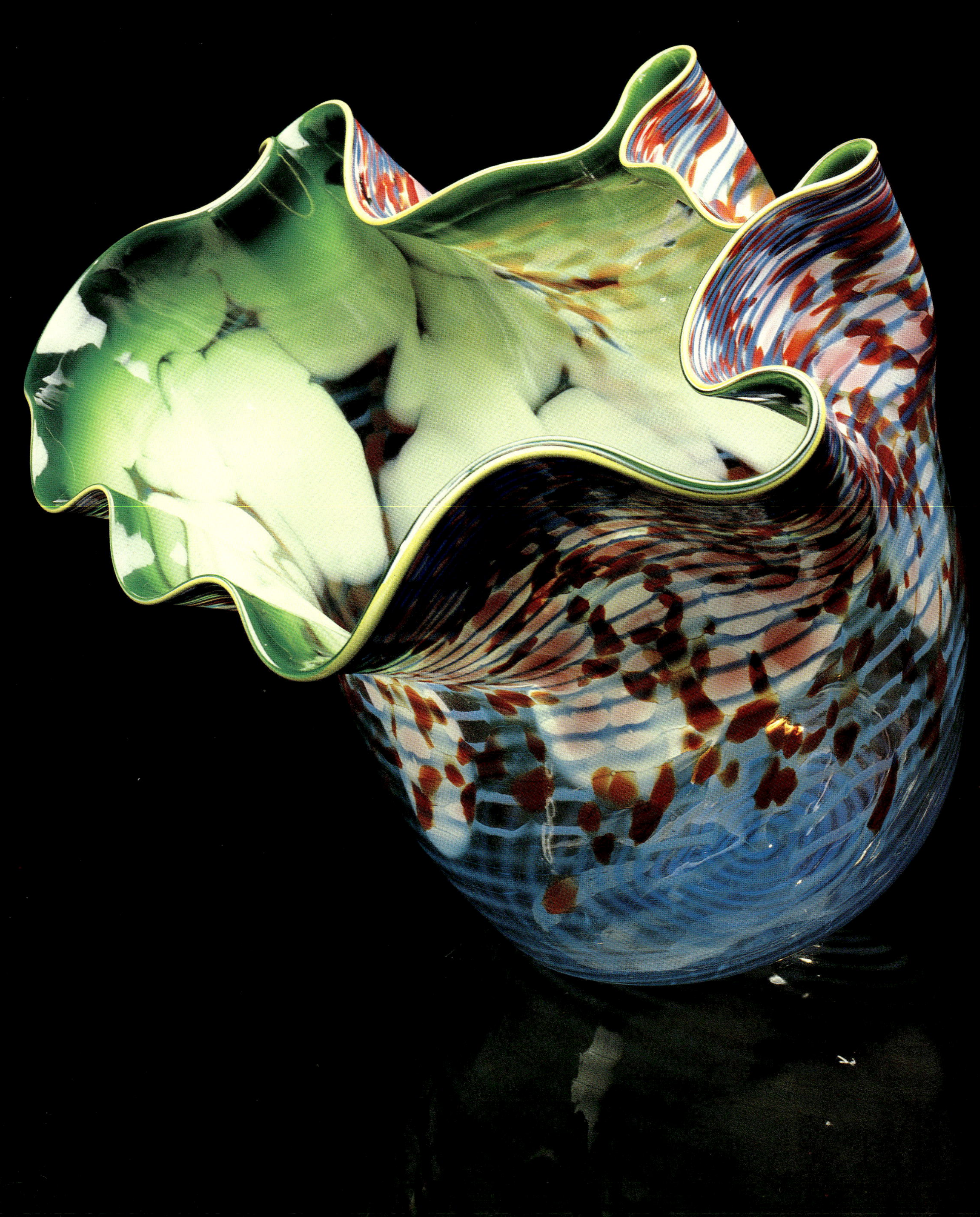

le moment de la création, l'instant de la fluidité. Les bords ondulés, les contours en coup de fouet, les stries, les couleurs intenses et mêlées, tout dans ces pièces de grand format suggère des formes vivantes qui respirent et qui vibrent.

En augmentant le volume et en changeant l'échelle, Chihuly transforme des vases en sculpture. Cette transmutation amène à des considérations sur le bibelot. Dans notre société l'objet superflu est devenu un objet d'art choyé. Chihuly en joue, créant des objets superflus et indépendants qui n'obéissent plus aux lois du monde quotidien. En cela ils deviennent des propositions pour l'imaginaire, des invitations au rêve.

Concrètement Chihuly libère aussi les vases de leur présence statique en donnant l'impression qu'ils flottent. Il crée une ambiance éthérée, spirituelle, qui, peut-être ironiquement, rappelle les saints et les putti en suspension dans l'espace des peintures de la fin de la Renaissance et du Baroque. Il crée une métaphore du changement, vivifiante, libératrice.

La forme des *Macchia* répond à la tension de l'espace qu'elles enveloppent. Cet espace intérieur les anime, donnant sa forme à l'ensemble de la série. Comme un vent de sable, une tornade d'une force imprévisible, les *Macchia* semblent n'être qu'un équilibre précaire, prêtes à une nouvelle métamorphose. Elles nous rappellent que le verre est un liquide en surfusion, un état instable de la matière.

Cobalt Green Macchia with Cadillac Yellow Lip Wrap
1986
41 x 112 x 99
Photo Dick Busher

Le travail de l'imaginaire se manifeste dans les photographies des œuvres de Chihuly qui sont des interprétations essentielles de sa création. En installant pour les photographier les pièces sur des plaques de verre noir, Chihuly augmente la sensation d'apesanteur, souligne leur fragile équilibre et leur rapport avec des champs de forces invisibles. Photographiées, ces œuvres semblent plus désincarnées qu'en réel; elles deviennent une lumière colorée, rappelant les vitraux anciens qui transforment une lumière ordinaire en espace métaphysique. Les photographies présentent des formes lumineuses à la présence dramatique, elles ne falsifient pas les œuvres, elles exagèrent et jouent avec le verre.

Chihuly a mis au point un style original de dessin dans le but d'approfondir les caractéristiques propres de ses œuvres. A ma connaissance, personne n'a eu l'idée de dessiner la main pleine de différents types de crayons, de telle façon qu'une multitude de traits apparaissent, créant simultanément lignes de forces et délicatesse.

Si l'on pense aux peintures de Cy Twombly du début des années 60 qui emploient des taches de peintures et des crayonnages, on comprend très bien qu'il cherche à rendre l'effet et la fonction des différents médias utilisés, en ayant soin de mettre en valeur leur poids et leur tonalité. En revanche, en dessinant, Chihuly montre les forces, les

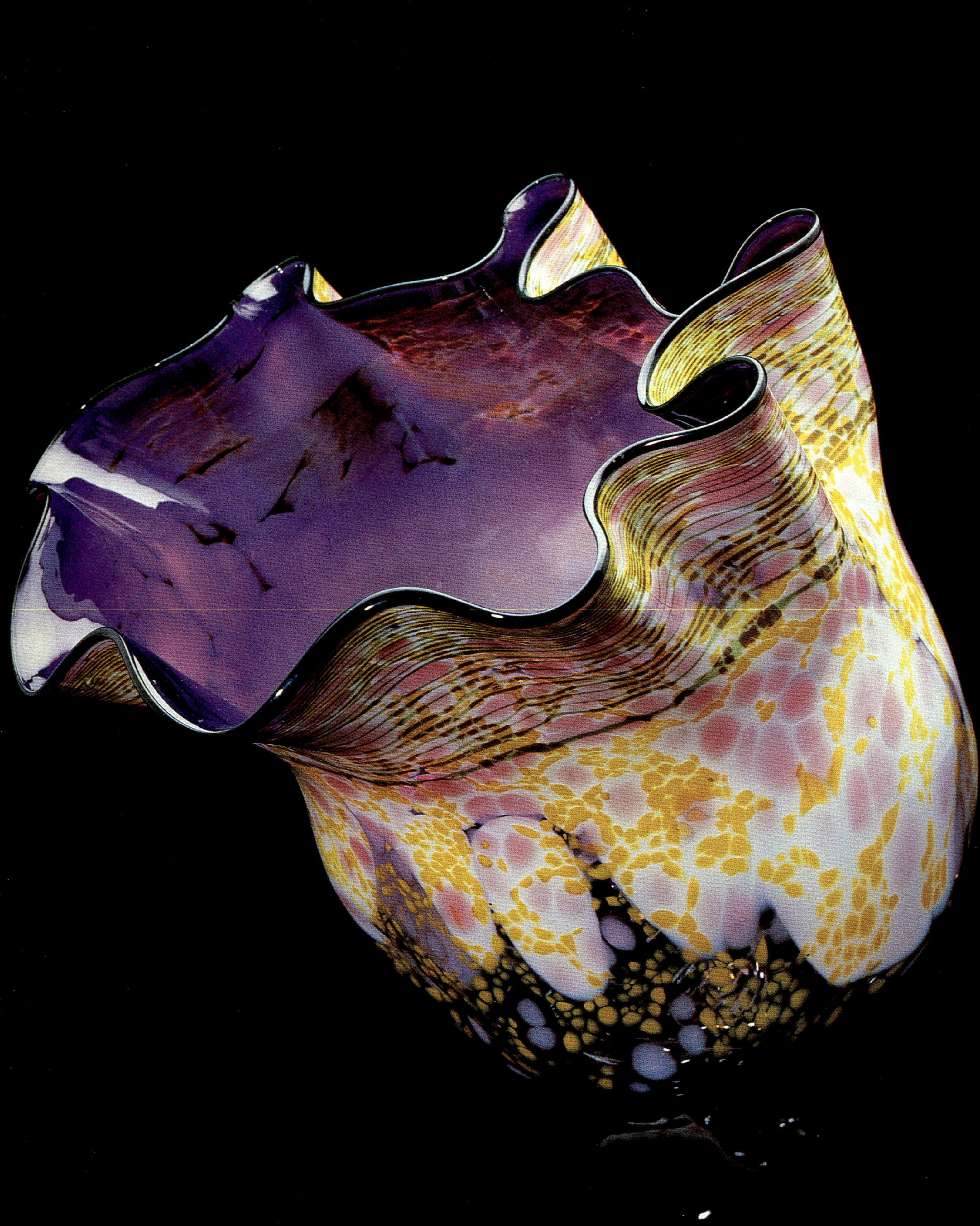

tensions qu'il donne à ses formes de verre. Chihuly finit son dessin en accentuant ces champs de forces par quelques amples courbes qui deviennent les ouvertures, les bords des récipients en verre.
Ces ouvertures des verres, soulignées par des couleurs contrastant avec le reste de la pièce, suggèrent des formes féminines. Avec les *Baskets*, les *Sea Forms* et les *Macchia*, Chihuly constitue un véritable répertoire d'orifices élastiques. Qu'autant de possibilités existent semble incroyable et dérive de la fécondité de la nature. Les plus grandes *Macchia* reçoivent souvent en leur sein de plus petits bols ou nodules. Ces différentes pièces, blotties les unes dans les autres évoquent une sensation agréable d'intimité, sentiment de protection mais non de défense. La translucidité du verre nous invite à pénétrer du regard sans avoir la sensation d'envahir un espace privé. Les grandes *Macchia* contenant de plus petites semblent maternelles, nourricières, mais les formes laissent l'analogie avec l'humain ouverte et abstraite.
Les formes de Chihuly peuvent aussi être comprises comme des "vestiges" empilés et stockés les uns dans les autres (*Baskets*), des éléments vivants en relation dans un fluide ambiant (*Sea-Forms*) ou encore comme un grand récipient qui prendrait vie (*Macchia*).
Chihuly suggère, plus qu'une simple collection d'objets, des relations vitales entre les formes. Les forces internes et la masse propre de chaque élément sont, momentanément seulement, soumises à un regroupement sculptural précaire. Les relations dynamiques entre chaque pièce formant un groupe suggèrent une volonté d'ensemble.
En retour, l'éphémère de l'ensemble renforce la spontanéité présidant à la création de chaque pièce.
Cette accumulation de richesse semble plus une heureuse coïncidence qu'un fait établi. Et je crois que l'instabilité de cet ensemble formel est la caractéristique qui l'anime et fait de lui, non pas un hommage pesant à la matière, mais un témoignage du changement perpétuel qui caractérise la vie moderne.

Deep Purple Macchia with Jungle Yellow Spots
1985
47 x 56 x 56
Photo Dick Busher

Roberts Hobbs, Iowa City, Iowa, January 1986.

Directeur de "University of Iowa Museum of Art"

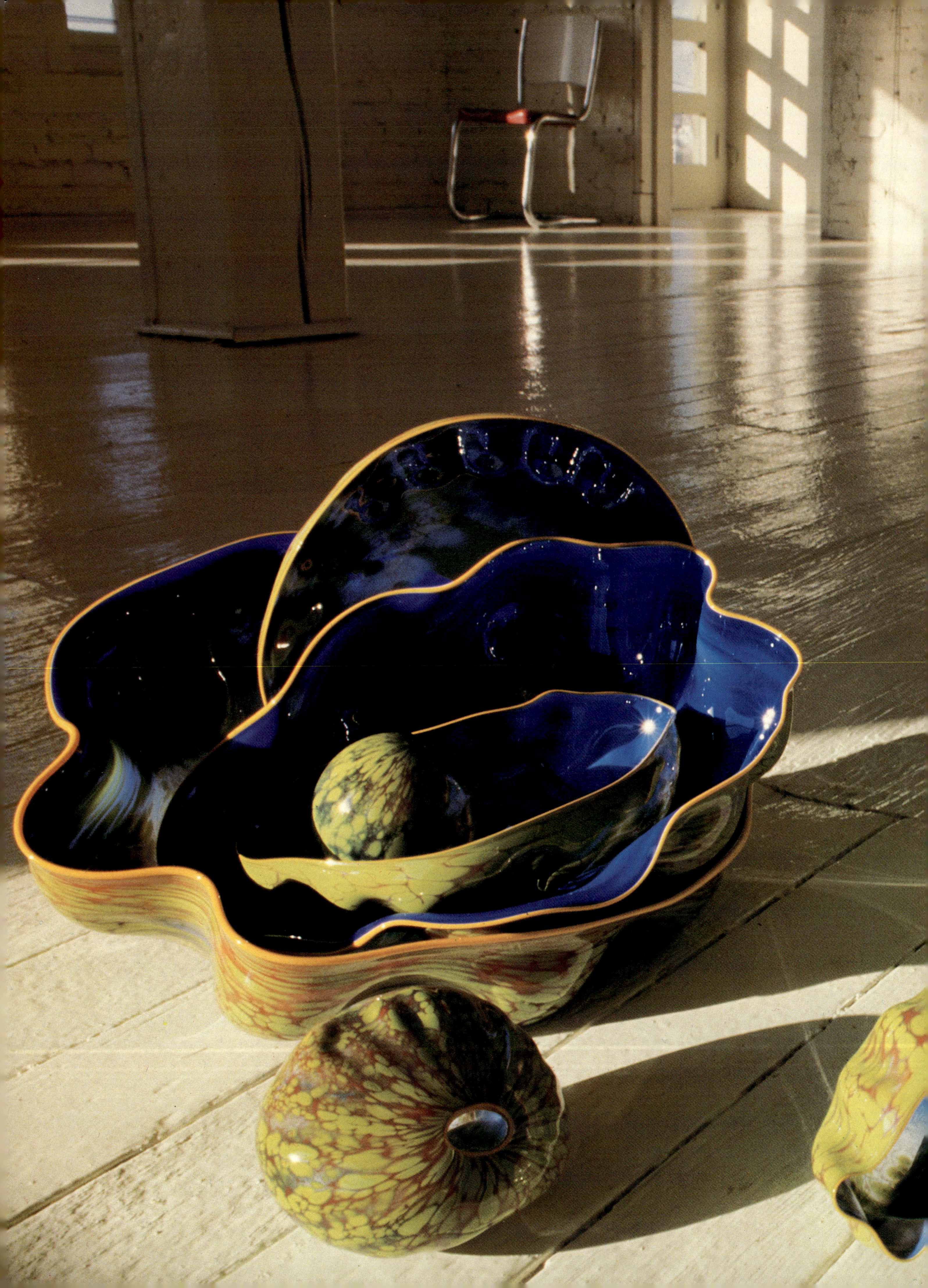

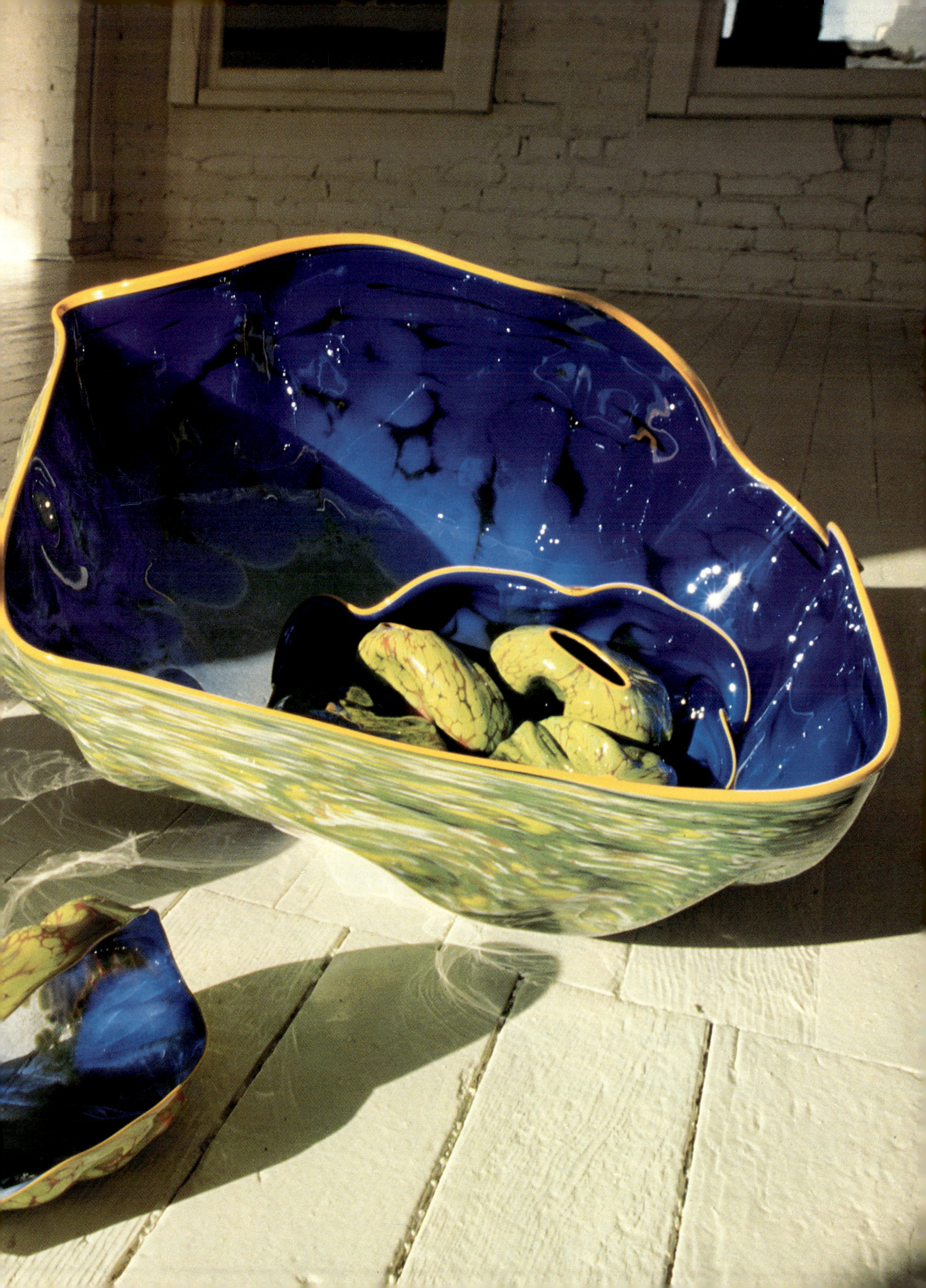

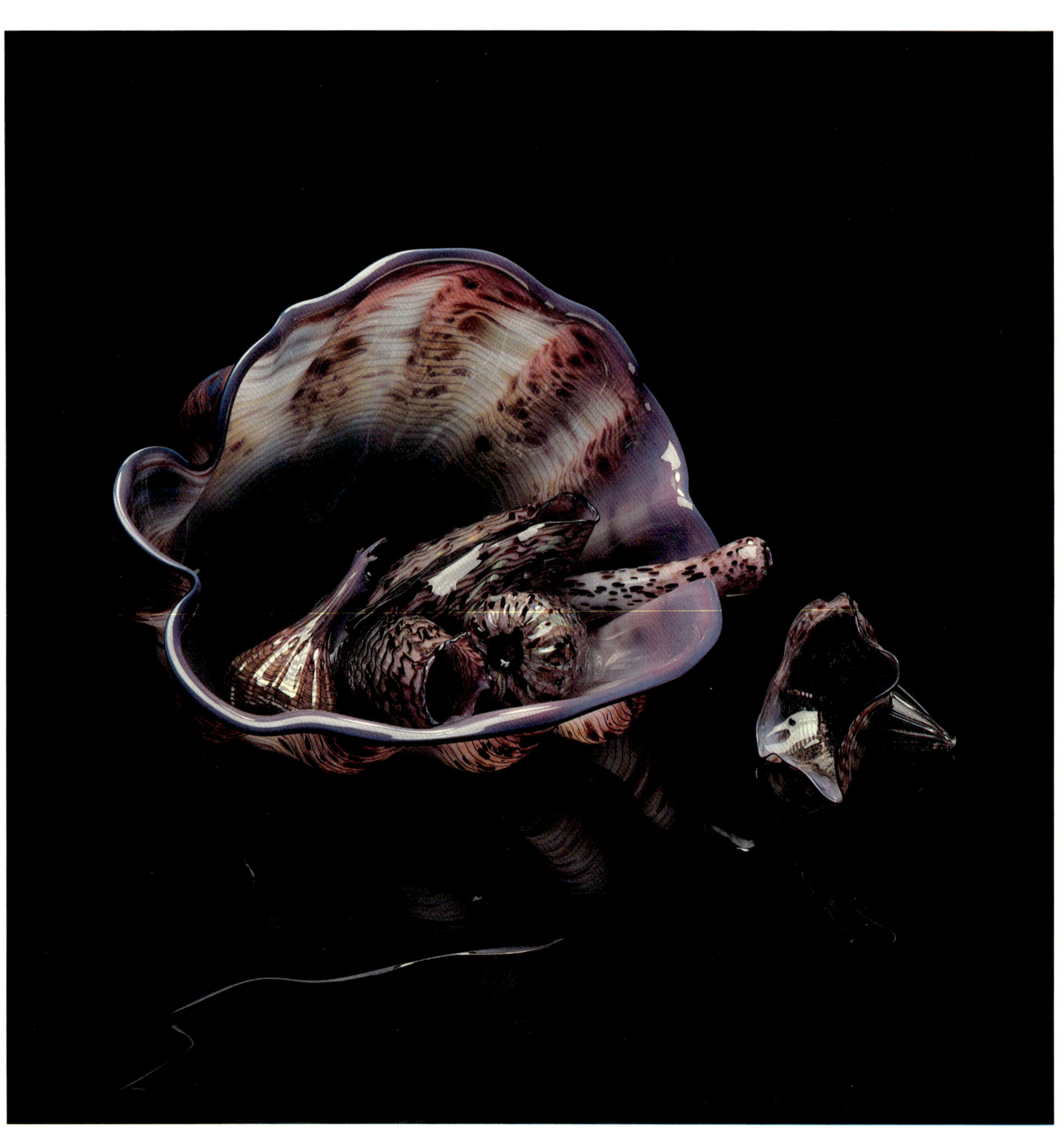

Chronologie

1941
Né le 20 Septembre à Tacoma, Etat de Washington, Etats Unis.

1959
Débute ses études d'Architecture intérieure à Seattle.

1961-62
Quitte l'école, voyage en bateau vers l'Europe et le Moyen-Orient.

1962-64
Retourne à l'Université, s'intéresse particulièrement au tissage. Expérimente l'utilisation du verre dans des tapisseries.

1965
Après son diplôme, travaille pour l'Agence de l'architecte John Graham à Seattle. Continue des expérimentations avec le verre encouragé par Russel Day. Rencontre Jack Lenor Larsen.

1966
Reçoit une bourse pour étudier avec Harvey Littleton à l'Université de Wisconsin et gagne sa vie comme pêcheur en Alaska.

1967
Diplôme de l'Université de Wisconsin. Continue ses études à Rhode Island School of Design de Providence, où il a été nommé Maître-Assistant. Travaux de néon et environnements. Rencontre Italo Scanga.

1968
Diplôme supérieur de RISD. Reçoit deux prix, le "Tiffany Foundation Grant for work in glass" et le "Fulbright Fellowship" pour étudier en Italie. Il est le premier souffleur de verre américain à travailler avec Venini à Murano. Premier été d'enseignement à Haystack, Maine.

1969
Voyage en Europe et à son retour prend la direction de la section verre de RISD.

1970
Premières idées pour une école de verre sur la Côte Pacifique Nord. Début d'une collaboration avec Jamie Carpenter.

1971
L'école de Pilchuk dans la forêt, au nord de Seattle, débute avec une bourse de 2000 $ et le mécénat de John Hauberg et Anne Gould Hauberg.
Expose des environnements en néon (avec Jamie Carpenter) au Museum of Contemporary Crafts à New York.

1972-73
Projets architecturaux avec Jamie Carpenter. Hiver au Mexique. Retour à Venise pour souffler et voyage en Irlande.

1974-75
Premiers **Blanket Cylinders** réalisés avec Kate Elliot et Flora Mace. Conçoit avec Seaver Leslie la série des **Irish** et **Ulysses Cylinders** réalisés avec Flora Mace.

1976
Voyage dans les Iles britaniques pendant lequel il perd un œil dans un accident de voiture. Reçoit le prestigieux prix de "National Endowment for the Arts" à titre individuel et avec Kate Elliot. Henry Geldzahler achète trois **Navajo Blanket Cylinders** pour les collections du Metropolitan Museum of Art.

1977-78
Une exposition avec Carpenter et Scanga, organisée par Charles Cowles au musée de Seattle, inclut les premiers **Pilchuck Baskets.** Exposition des **Blanket Cylinders** et **Philchuk Baskets** à la Renwick Gallery, Smithsonian Institution à Washington, DC.

1979
Travaux à Baden en Autriche avec Ben Moore, Bill Morris, Michael Scheiner et Rich Royal, suivis d'une exposition chez Lobmeyr à Vienne. Exposition personnelle au Musée de Saô Paulo, Brésil.

1980
Abandonne la direction du département verre de RISD et y devient "Artist-in-Residence". Développe la série des **Sea Forms.** Réalise une exposition au Haaretz Museum à Tel Aviv.

1981
Projet d'une exposition circulante de **Sea Forms** organisée par Kate Elliot. Printemps dans les îles Orcades. Premières pièces de la série des **Macchia.**

1982-83
L'exposition "Chihuly Glass" circule dans cinq musées accompagnée d'un catalogue par Linda Norden. Travaille à Tucson sur de nouvelles **Macchia.** Voyage en Angleterre. Vend son studio à Rhode Island pour retourner dans le Nord-Ouest des Etats-Unis.

1984
Préparation à Pilchuck de l'exposition "Chihuly: A Decade of Glass" qui ouvre pendant l'été au Bellevue Art Museum à Seattle et circule jusqu'en 1987 avec le concours de la "Art Museum Association of America".

1985
Termine plusieurs installations architecturales. Enseigne avec Joey Kirkpatrick, Flora Mace et Bill Morris à Baden en Autriche. Voyage dans les îles Anglo-Normandes et à Malte. Expose toujours des **Macchia** et des **Sea Forms** et expérimente des formes de fleurs. Deux œuvres incluses dans "High Style", exposition au Whitney Museum of American Art à New York.

1986
Travaille au "Creative Glass Center of America" à Millville, New Jersey. Devient membre du "American Crafts Council" et reçoit un doctorat honoris causa de l'Université de Puget Sound et de RISD. Préparation de l'exposition du Musée des Arts Décoratifs à Paris. Le livre **Chihuly, color, glass and form** est publié par Kodansha au Japon.

Pages 30-31
Cobalt Blue Macchia with Green Skin
1986
41 x 112 x 99
Photo Kim Zumwalt

Untitled
1986
25 x 47 x 23
Photo Dick Busher

Chronology

1941
Born September 20 in Tacoma, Washington.

1960
Enters University of Washington, Seattle, in Interior Design Architecture.

1961-62
Leaves school and sails for Europe and Middle East tour.

1962-64
Re-enters University of Washington, devoting much time to weaving. Begins experimentation with glass in tapestries.

1965
Graduates and works as designer for John Graham Architects in Seattle. Continues glass experiments on his own with the encouragement of Russell Day. Meets Jack Lenor Larsen.

1966
Receives scholarship to study with Harvey Littleton at the University of Wisconsin and earns money for graduate school as a commercial fisherman in Alaska.

1967
Receives MS from University of Wisconsin and enters MFA program at Rhode Island School of Design in Providence with a teaching assistantship. Concentrates on neon and environmental works. Meets Italo Scanga.

1968
Receives MFA in glass from RISD. Awarded Tiffany Foundation Grant for work in glass and Fulbright Fellowship to study glass in Italy, the first American glassblower to work at the Venini Glass Factory on Murano, Venice. Teaches first of four summers at Haystack, Maine.

1969
Travels throughout Europe, returning to RISD to head Glass Department.

1970
Returns to Haystack. Develops plans for a glassmaking school in the Pacific Northwest. Begins working with Jamie Carpenter.

1971
Starts the Pilchuck Glass School on a tree farm north of Seattle with a $ 2,000 grant, the land and additional funds donated by Seattle art patrons John Hauberg and Anne Gould Hauberg. Exhibits large neon environment (collaboration with Jamie Carpenter) at Museum of Contemporary Crafts in New York.

1972-73
Works on first architectural glass projects with Jamie Carpenter. Spends winter in Mexico. Returns to Venice to blow glass and travels through Ireland.

1974-75
Begins **Blanket Cylinders**, with Kate Elliott and Flora Mace fabricating the glass drawings. Collaborates with Seaver Leslie on the **Irish** and **Ulysses Cylinders**, with Flora Mace fabricating the glass drawings.

1976
Tours British Isles, loses sight in left eye in automobile accident. Receives National Endowment for the Arts Individual Artists Grant and, with Kate Elliott, the first NEA Master Craftsman Apprenticeship Grant. Henry Geldzahler purchases three **Navajo Blanket Cylinders** for the collections of the Metropolitan Museum of Art, New York.

1977-78
Begins **Pilchuck Baskets**, which are shown at Seattle Art Museum in three-man show with Jamie Carpenter and Italo Scanga curated by Charles Cowles. Exhibition of **Blanket Cylinders** and **Pilchuck Baskets** at the Renwick Gallery, Smithsonian Institution, Washington, DC.

1979
Works in Baden, Austria, with Ben Moore, Bill Morris, Michael Scheiner and Rich Royal, followed by an exhibition at Lobmyer in Vienna. Has one-man show at Museu de Arte, Saô Paulo, Brazil.

1980
Resigns post as head of Glass Department at RISD and becomes Artist-in-Residence. Begins developing **Sea Form** pieces. Has exhibition at Haaretz Museum, Tel Aviv.

1981
Plans traveling exhibition of **Sea Forms** organized by Kate Elliott. Spends spring on Orkney Islands. Begins **Macchia** series.

1982-83
"Chihuly Glass" exhibition begins five-museum tour accompanied by a catalogue written by Linda Norden. Continues developing **Macchia** in Tucson. Tours Brittany in spring. Sells "Boathouse" studio in Rhode Island and moves back to the Northwest.

1984
Works at Pilchuck preparing for "Chihuly: A Decade of Glass", which opens in the summer at the Bellevue Art Museum, Seattle, and will travel through 1987 under auspices of the Art Museum Association of America. Accompanied by a catalogue with essays by Karen S. Chambers and Jack Cowart.

1985
Completes several large architectural installations. Teaches with Joey Kirkpatrick, Flora Mace and Bill Morris in Baden, Austria. Travels to Channel Islands and Malta. Continues showing large **Macchia** and **Sea Forms** and begins experimentation on new flower forms. Two pieces included in "High Style" exhibition at the Whitney Museum of American Art, New York.

1986
Works at Creative Glass Center of America in Millville, New Jersey. Is made a Fellow of the American Craft Council and receives honorary doctorates at the University of Puget Sound and RISD.
Begins work for an exhibition at the Musée des Arts Décoratifs, Paris.
Kodansha publishes monograph, **Chihuly: Color, Glass and Form.**

Untitled
1986
28 x 51 x 33
Photo Dick Busher

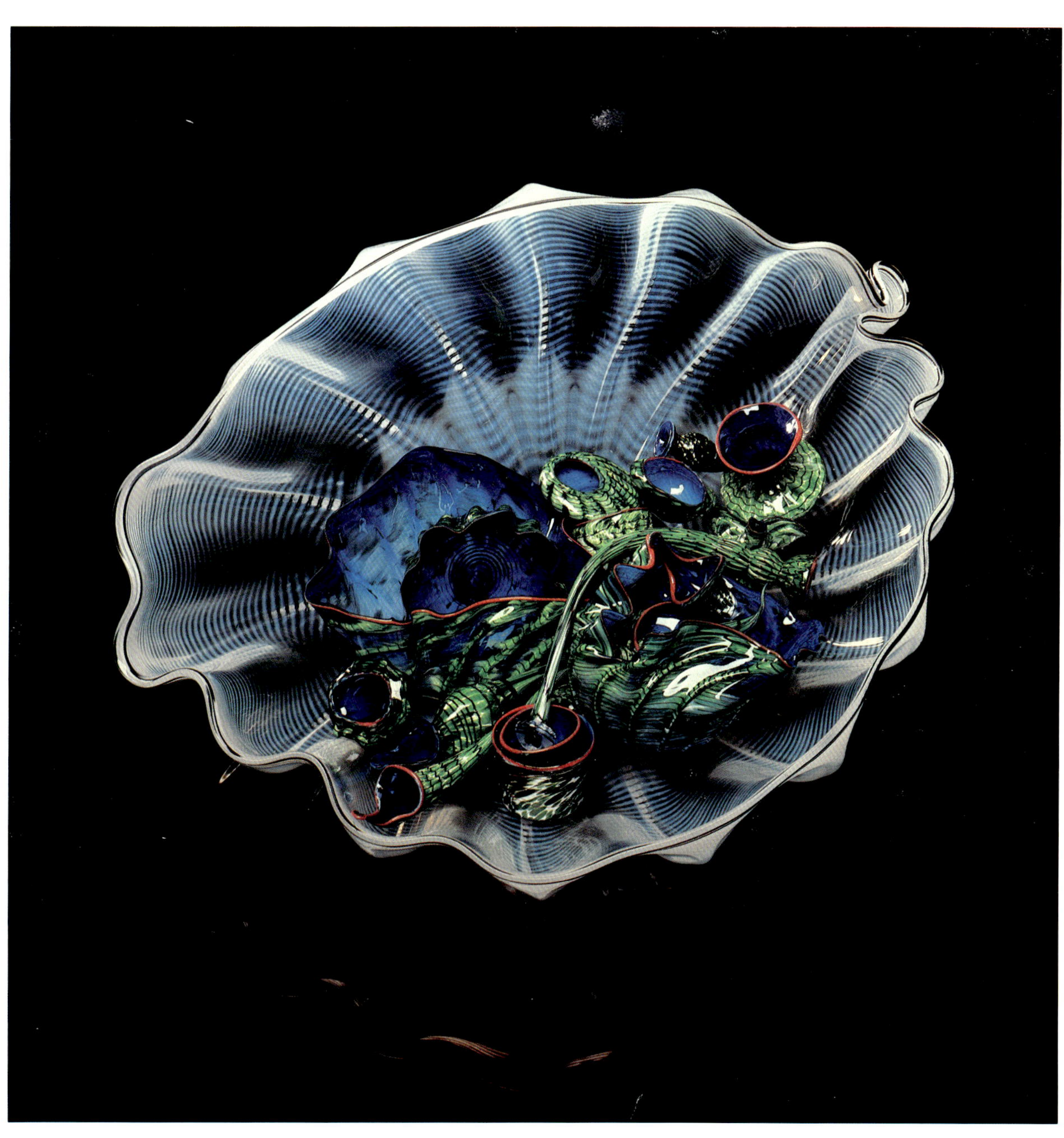

Chihuly's vocabulary of forms

Vocabulaire de formes

Ice and Neon Environments 1967·1971

Begun as a student in 1967, with Jamie Carpenter from 1970 to 1971.

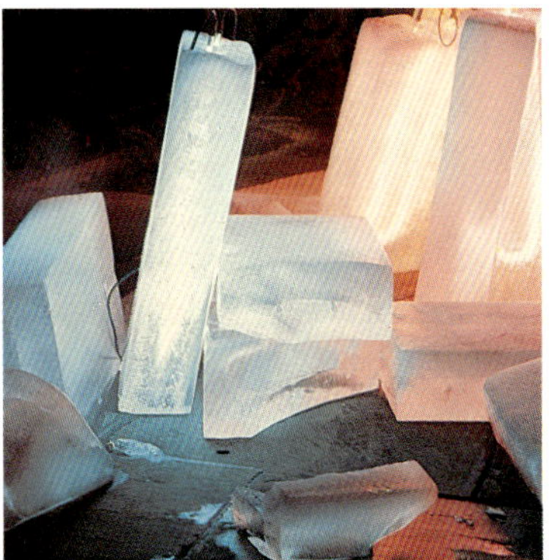

Etudiant, il commence des environnements de *"Glace et de Néon"* en 1967 et continue avec Jamie Carpenter de 1970 à 1971.

Glass Forests 1970·1974

Large-scale blown glass environments done with Jamie Carpenter.

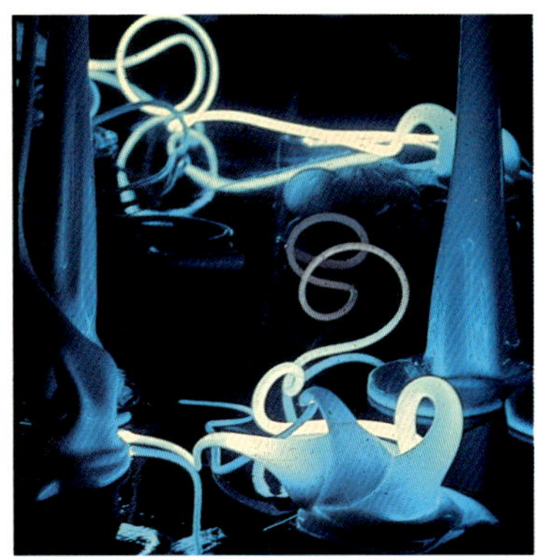

Environnements de très hautes formes de verre soufflé, *"Forêts de verre"* réalisés avec Jamie Carpenter.

Cylinders 1974·1984

Started in 1974 and became the *Navajo Cylinders* in 1975, the *Renwick Cylinders* in 1978 and *Pilchuck Cylinders* in 1984.

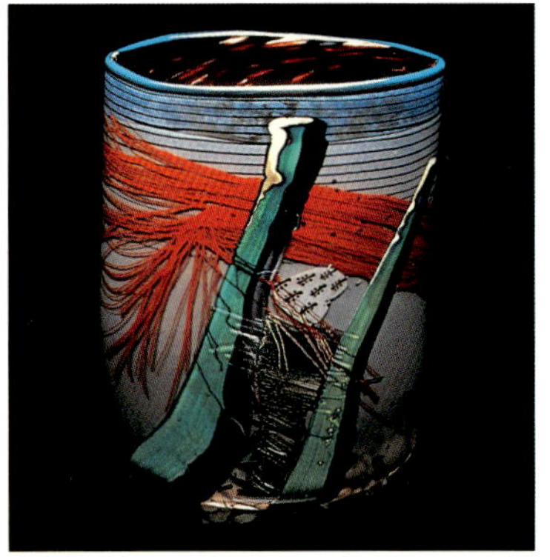

Commencées en 1974, les séries de *"Cylindres"* deviennent les *Navajo Cylinders* en 1975, puis les *Renwick Cylinders* en 1978 et les *Pilchuck Cylinders* en 1984.

Baskets 1977·1979

The beginning of his fascination with the glassblowing process in the tradition of very thin Venetian blown forms.

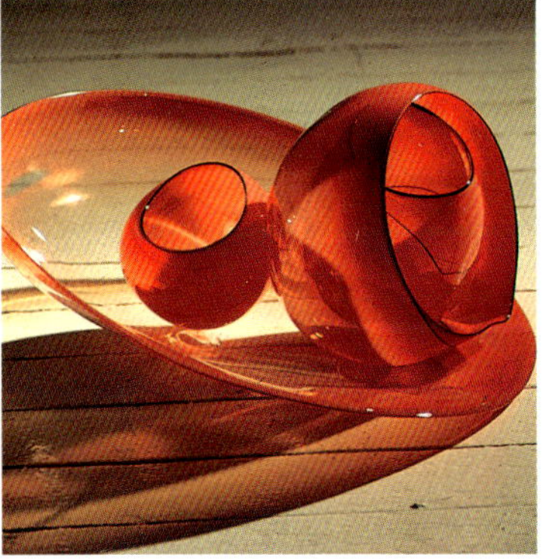

Le commencement de sa fascination pour le verre soufflé dans la pure tradition vénitienne, – très fine épaisseur de verre, donne naissance aux *"Paniers"*.

Sea Forms 1980

Blown in ribbed, optical molds, which allowed for thinner, more delicate forms. Often very subtle colors.

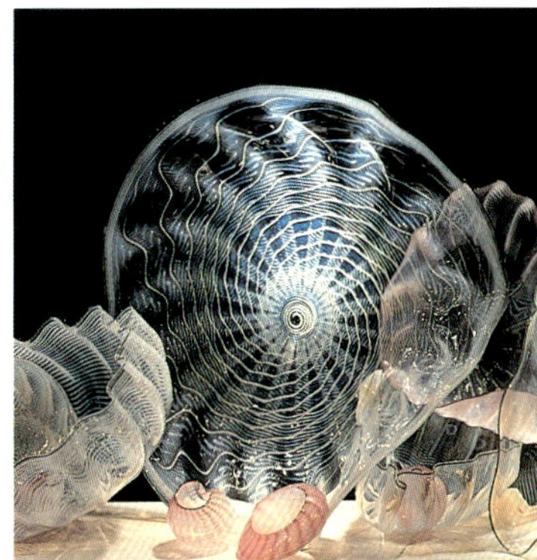

De couleurs très subtiles, soufflées dans des moules ce qui permet des formes encore plus fines et délicates: une autre naissance *"Formes de la mer"*.

Macchia 1981

Means "spotted" in Italian. Started as single forms with unusual colors with contrasting exterior colors and lip wraps.

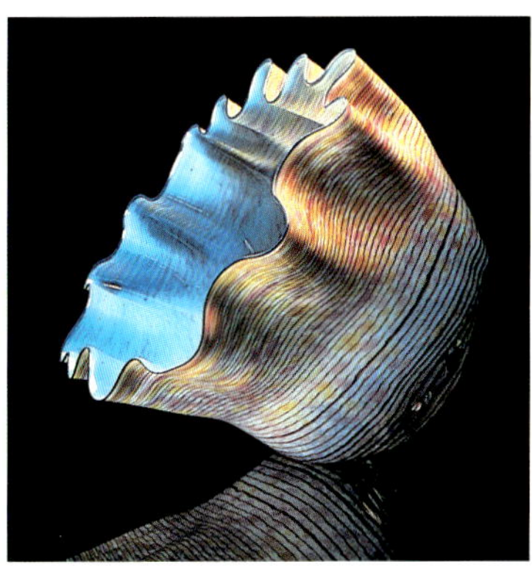

Macchia, tâche en italien, formes solitaires de couleurs inhabituellement vives qui jouent sur le contraste.

Soft Cylinders 1986

A return to drawing on form.

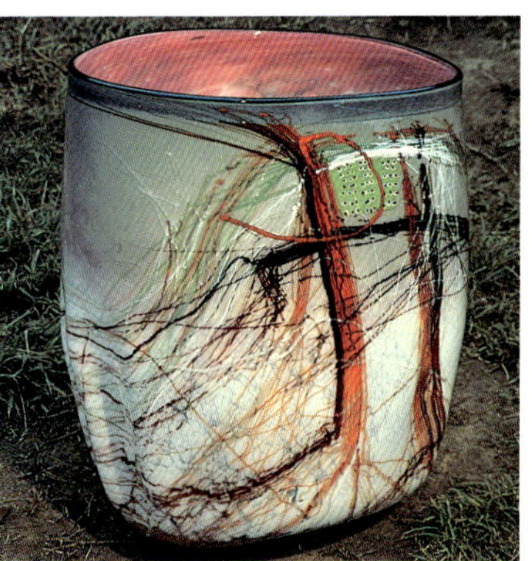

Un retour au dessin sur une forme.

Untitled New Forms 1986

An experimental direction exploring new possibilities derived from the blowpipe.

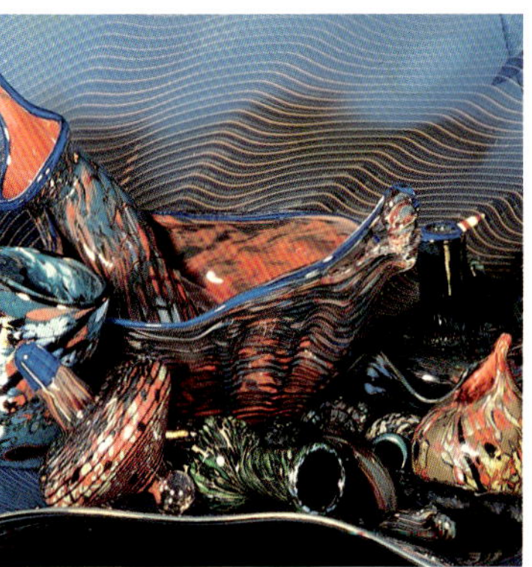

Une direction expérimentale explorant les nouvelles possibilités du verre soufflé.

Principales expositions personnelles

Selected Solo Museum Exhibitions

1967
University of Wisconsin, Madison

1975
Utah Museum of Fine Arts, Salt Lake City
Institute of American Indian Arts, Santa Fe, New Mexico

1976
Bell Gallery, Brown University, Providence
Wadsworth Atheneum, Hartford, Connecticut
Leigh Yawkey Woodson Art Museum, Wausau, Wisconsin

1977
Yuma Fine Arts Association, Arizona
University of Minnesota, St. Paul

1978
Renwick Gallery, National Museum of American Art, Washington, DC
Galerie der Kunsthandwerber, Hamburg, West Germany

1979
Lobmyer Museum, Vienna, Austria
Museu de Arte, Sao Paulo, Brazil

1980
Haaretz Museum, Tel Aviv, Israel
Rosenthal Studio-Haus, Hamburg, West Germany
University of Rhode Island Art Gallery, Kingston

1981
Lobmyer Museum, Vienna, Austria
Tacoma Art Museum, Washington

1982
Phoenix Art Museum, Arizona
Tucson Museum of Art, Arizona
San Diego Museum of Art, California

1983
The St. Louis Art Museum, Missouri
Palm Springs Desert Museum, California
Newport Art Association, Rhode Island (with Howard Ben Tré)
Providence Art Club, Rhode Island

1984
Crocker Art Museum, Sacramento, California

1984-1987
Chihuly: A Decade of Glass, Bellevue Art Museum, Washington; traveling to Fort Worth Art Museum, Texas; Illinois State University Art Museum, Normal; Madison Art Center, Wisconsin; Pennsylvania State University Museum of Art, University Park; The Arkansas Art Center, Little Rock; Muskegon Museum of Art, Michigan; Brunnier Gallery and Museum, Ames, Iowa; The Mint Museum of Art, Charlotte, North Carolina; Museum of Decorative Arts, Montreal, Canada; Chicago Public Library Cultural Center, Illinois; Roanoke Museum, Virginia; Museum of Art, University of Oklahoma, Norman; Federal Reserve Bank, Kansas City, Missouri

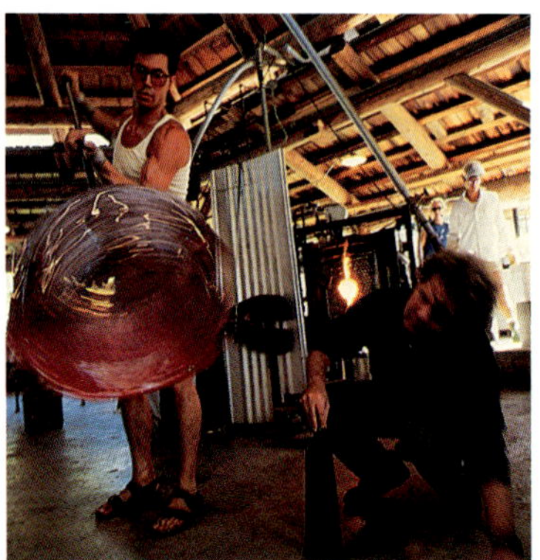

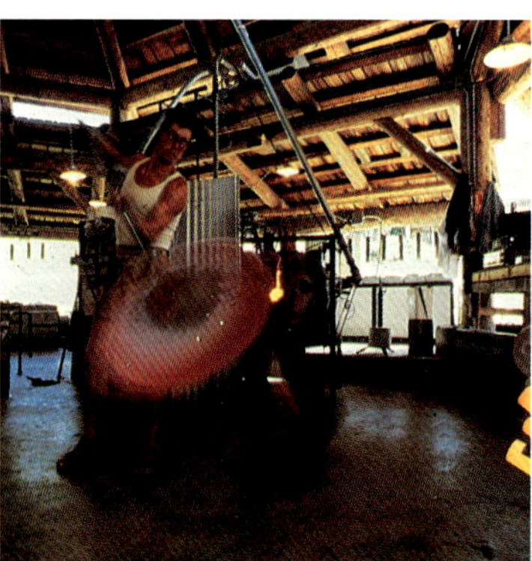

Photos Philip Amdal

Principales collections publiques

Selected Museum Collections

Albright-Knox Art Gallery, Buffalo, New York

American Craft Museum, New York

American Glass Museum, Millville, New Jersey

Arkansas Arts Center, Little Rock, Arkansas

Australian Arts Council, Sydney

Cooper-Hewitt Museum, New York

Corning Museum of Glass, New York

Chrysler Museum, Norfolk, Virginia

Crocker Art Museum, Sacramento, California

Dallas Museum of Fine Arts, Texas

DeCordova and Dana Museum and Park, Lincoln, Massachusetts

Denver Art Museum, Colorado

Detroit Institute of Arts, Michigan

Elvehjem Museum of Art, U of W, Madison

Fine Arts Museum of the South, Mobile, Alabama

Glasmuseum Frauenau, West Germany

Glasmuseum Wertheim, West Germany

Haaretz Museum, Tel Aviv, Israel

High Museum of Art, Atlanta, Georgia

Honolulu Academy of Arts, Hawaii

Indianapolis Museum of Art, Indiana

JB Speed Art Museum, Louisville, Kentucky

Jesse Besser Museum, Alpena, Michigan

Johnson Wax Collection, Racine, Wisconsin

Kestnermuseum, Hannover, West Germany

Krannert Art Museum, Champaign, Illinois

Lannan Foundation, Palm Beach, Florida

Leigh Yawkey Woodson Art Museum, Wausau, Wisconsin

Lobmyer Museum, Vienna, Austria

Los Angeles County Museum of Art, California

Lowe Art Museum, Coral Gables, Florida

Madison Art Center, Wisconsin

Metropolitan Museum of Art, New York

Morris Museum of Arts and Sciences, Morristown, New Jersey

Musée des Arts Décoratifs, Paris

Musée des Arts Décoratifs de la Ville de Lausanne, Switzerland

Musée des Beaux Arts, Rouen, France

Museum of Art, Carnegie Institute, Pittsburgh, Pennsylvania

Museum of Art, Rhode Island School of Design, Providence

Museum Bellerive, Zurich, Switzerland

Museum of Contemporary Art, Chicago

Museum of Fine Arts, Boston

Museum für Kunst und Gewerbe, Hamburg

Muskegon Museum of Art, Michigan

National Museum of American History, Washington, DC

National Museum of Modern Art, Kyoto, Japan

New Orleans Museum of Art, Louisiana

Newport Harbor Museum, Newport Beach, California

Philadelphia Museum of Art, Pennsylvania

Phoenix Art Museum, Arizona

Queensland Art Gallery, South Brisbane, Australia

Renwick Gallery, Washington, DC

St. Louis Art Museum, Missouri

San Francisco Museum of Modern Art, California

Seattle Art Museum, Washington

Toledo Museum of Art, Ohio

Tucson Museum of Art, Arizona

Umelcko-Prumyslove Museum, Prague

University of Michigan, Dearborn

Utah Museum of Fine Arts, Salt Lake City

Victoria and Albert Museum, London

Wadsworth Atheneum, Hartford, Connecticut

Whatcom Museum of History and Art, Bellingham, Washington

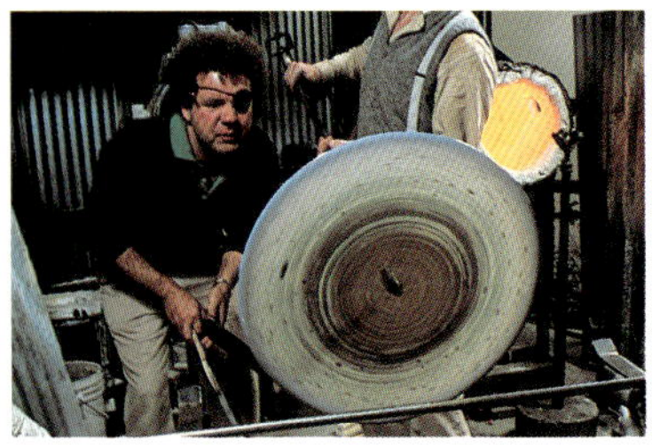

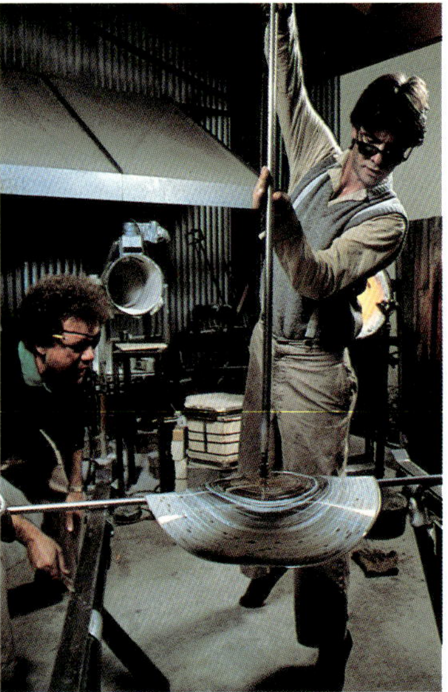

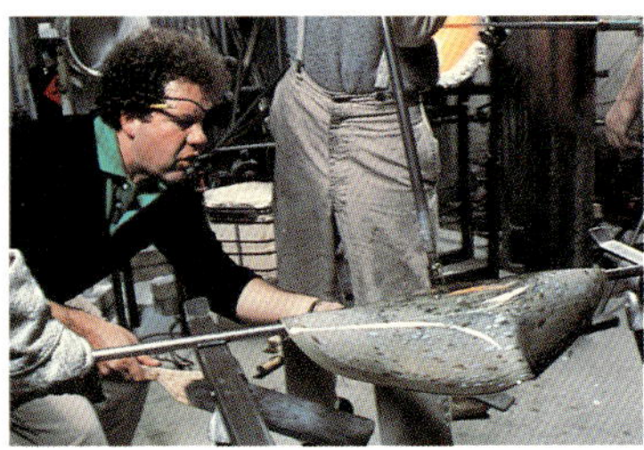

Photos Roger Schreiber

This catalogue was printed in November 1986 by Atomic Press Seattle, Washington, USA.

Typesetting by Axis, Paris, France.

Ce catalogue a été achevé d'imprimer en Novembre 1986 sur les presses de Atomic, Seattle, Washington, Etats-Unis.

Photocomposition Axis, Paris, France.

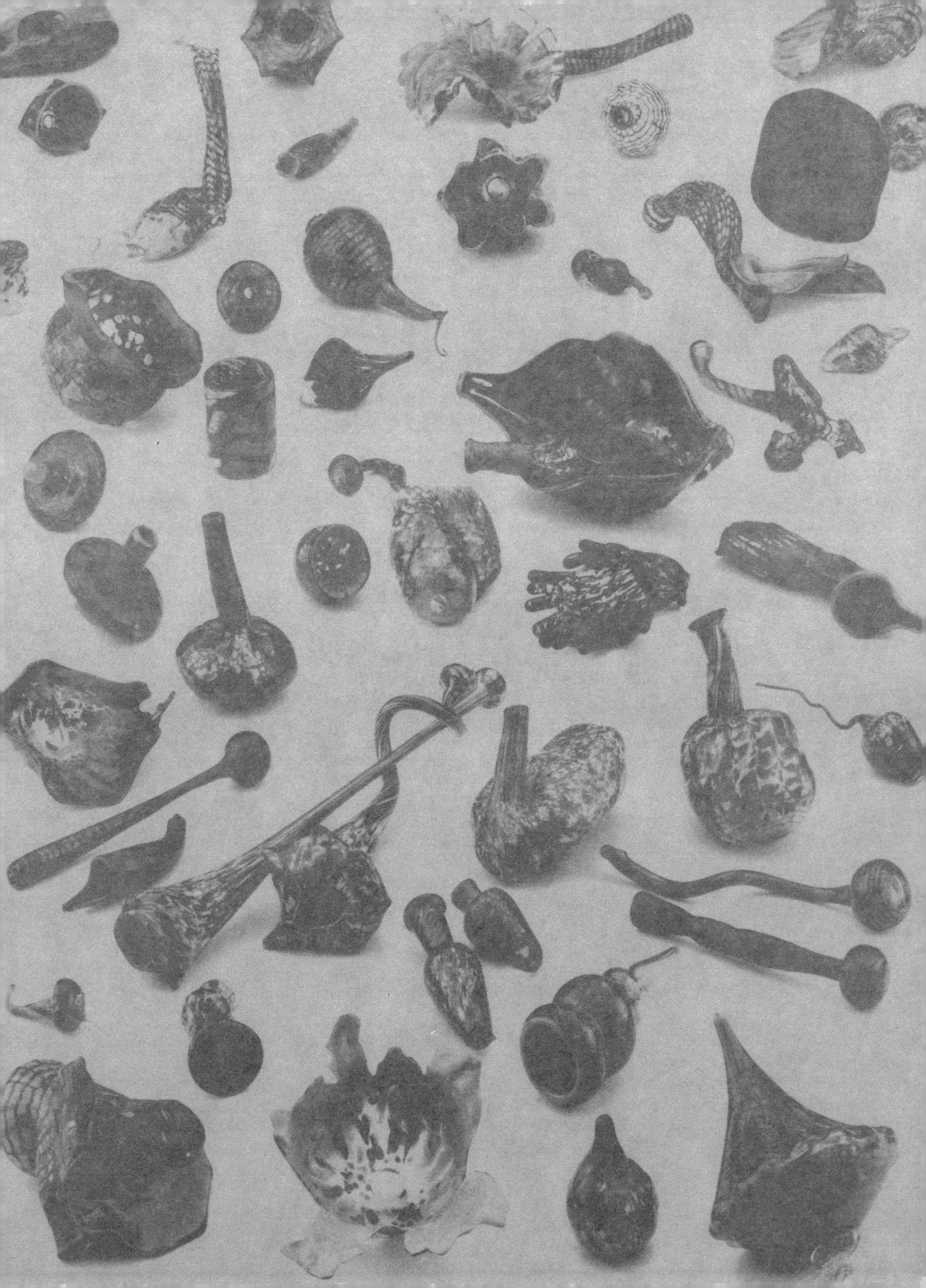

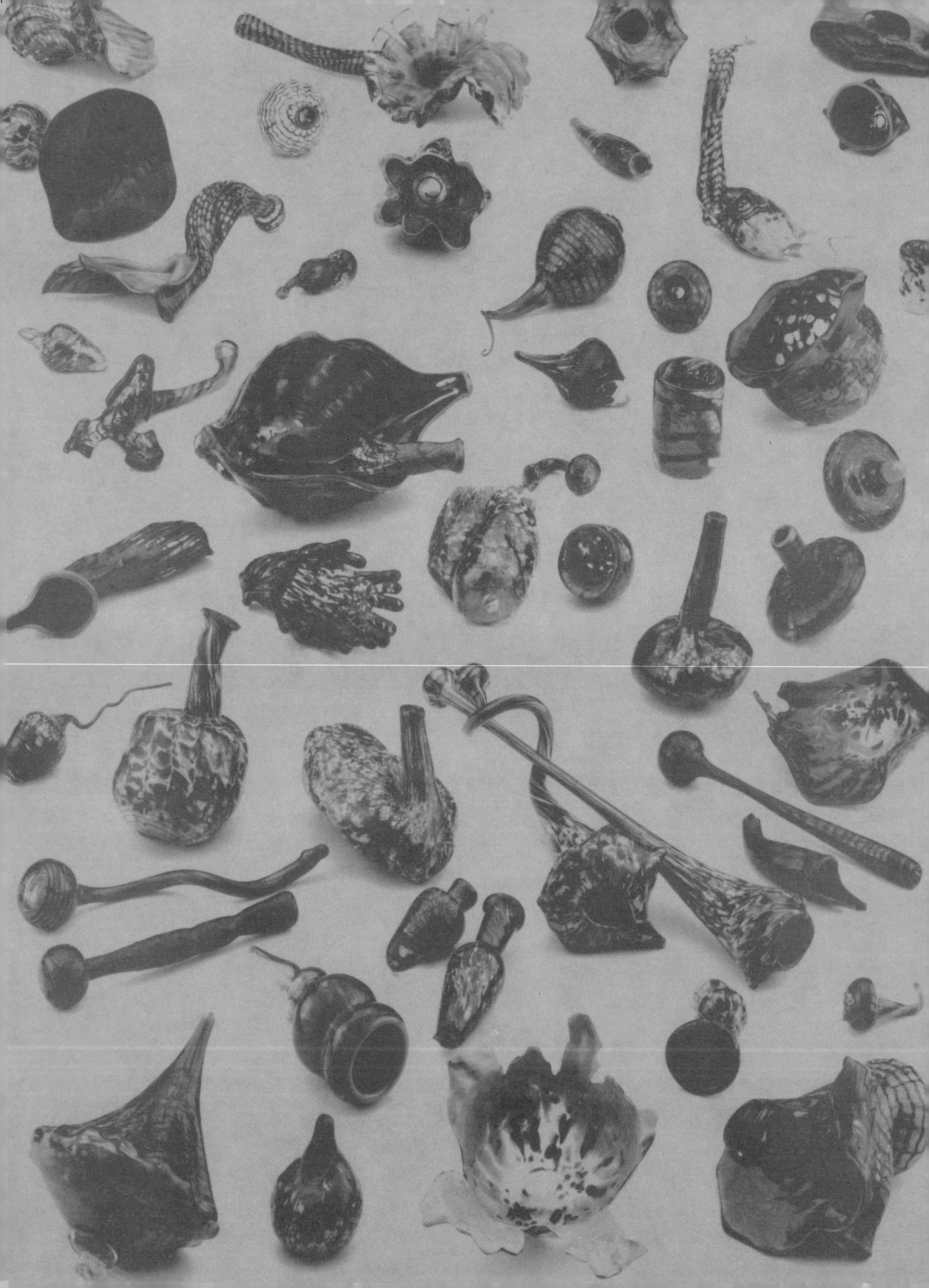